U0585966

胡适

未刊日记辑注

付祥喜 编注

SPM 南方传媒 广东人民出版社
·广州·

图书在版编目（CIP）数据

胡适未刊日记辑注 / 付祥喜编注. —广州：广东人民出版社，2023.8
ISBN 978-7-218-16449-6

Ⅰ．①胡…　Ⅱ．①付…　Ⅲ．①胡适（1891—1962）—日记
Ⅳ．①K825.4

中国国家版本馆CIP数据核字（2023）第030674号

HU SHI WEI KAN RIJI JIZHU

胡适未刊日记辑注

付祥喜　编注

出 版 人：肖风华

策划编辑：梁　茵
责任编辑：古海阳　陈　丹
特约编辑：王　鹏
责任技编：吴彦斌　周星奎

出版发行：广东人民出版社
地　　址：广州市越秀区大沙头四马路10号（邮政编码：510199）
电　　话：（020）85716809（总编室）
传　　真：（020）83289585
网　　址：http://www.gdpph.com
印　　刷：佛山市迎高彩印有限公司
开　　本：889毫米×1194毫米　1/32
印　　张：9.625　　字　　数：205千
版　　次：2023年8月第1版
印　　次：2023年8月第1次印刷
定　　价：78.00元

如发现印装质量问题，影响阅读，请与出版社（020-85716849）联系调换。
售书热线：87716172

编者简介

付祥喜，文学博士、教授，任职于云南师范大学文学院、广州大学人文学院，兼任中华文学史料学会近现代分会理事、中国现代文学研究会理事、广东省签约文学评论家。主要从事中国现代文学史料学、中国新诗、中国文学史学研究。主持国家社科基金项目4项（含重点项目）、教育部人文社会科学研究项目2项。已出版《新月派考论》《问题与方法：中国现代文学史料研究论稿》等著作，在《中国社会科学》《文学评论》《文艺研究》《中国现代文学研究丛刊》等刊物发表多篇论文，其中部分被《新华文摘》《社会科学文摘》等转载。曾获教育部高等学校优秀成果奖、广东省哲学社会科学优秀成果奖等。

本书出版受"岭南英杰工程"人才经费资助

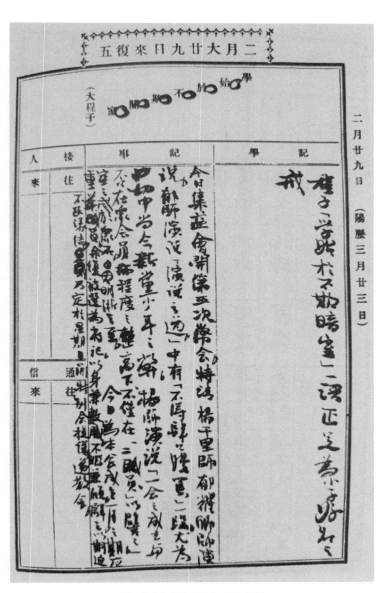

（大程子）

二月廿九日（陽曆三月廿三日）

學記	記事	接人往來	信來通往

《胡适澄衷学堂日记》手稿片段

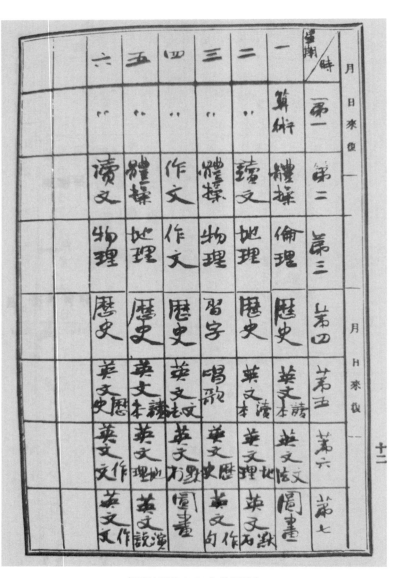

星期\時	月日來復一	第二	第三	第四月日來復二	第五	第六	第七
一	算術	體操	倫理	歷史	英文讀本	英文陸文	圖畫
二	"	讀文	地理	歷史	英文讀本	英文理地	英文句作
三	"	體操	物理	習字	唱歌	英文史歷	圖畫
四	"	作文	作文	歷史	英文志文	英文力野	圖畫
五	"	體操	地理	歷史	英文讀本	英文理地	英文說演
六	"	讀文	物理	歷史	英文史歷	英文文作	英文文作

胡适抄录的1906年的课程表

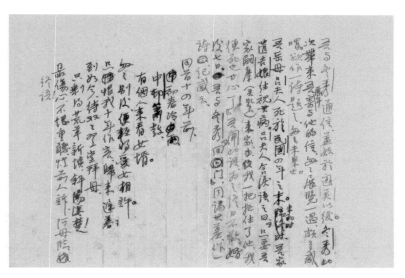

胡适《归娶记》手稿片段

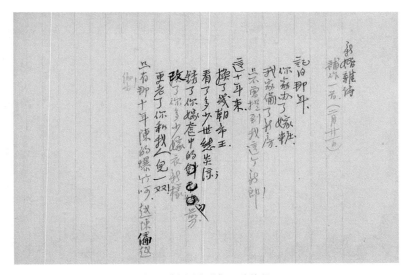

胡适《新婚杂诗》手稿片段

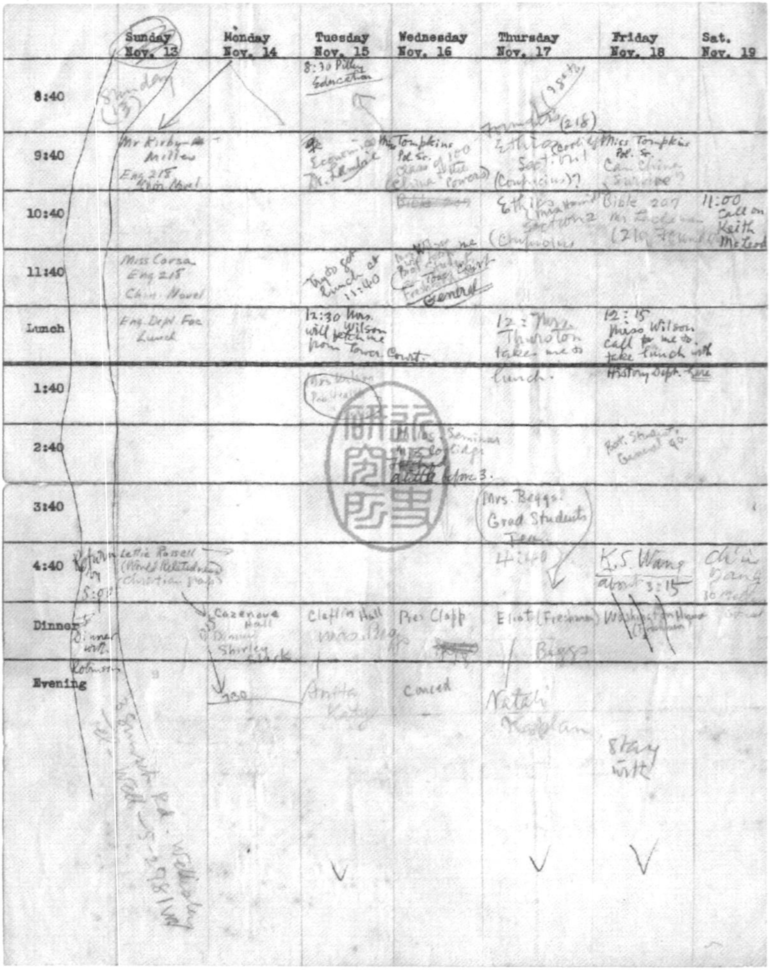

	Sunday Nov. 13	Monday Nov. 14	Tuesday Nov. 15	Wednesday Nov. 16	Thursday Nov. 17	Friday Nov. 18	Sat. Nov. 19
8:40							
9:40							
10:40							
11:40							
Lunch							
1:40							
2:40							
3:40							
4:40							
Dinner							
Evening							

《胡适晚年未刊行事历日记》影印片段（图源：台北“中央研究院”近代史研究所胡适纪念馆）

前 言

　　胡适（1891 年 12 月 17 日—1962 年 2 月 24 日），汉族，安徽绩溪人。原名嗣穈，学名洪骍，字希疆，后改名胡适，字适之，笔名天风、藏晖等。现代著名学者、诗人、历史学家、文学家、哲学家。1910 年，赴美国康奈尔大学留学，师从哲学家约翰·杜威。1917 年，回国后受聘为北京大学教授，因积极提倡文学革命、"整理国故"而成为新文化运动的领袖之一，对中国现代史产生了较为深远的影响。胡适曾担任中国公学校长、中华教育文化基金董事会董事、中国驻美大使、北京大学校长、联合国教科文组织世界人类科学文化史编辑委员会委员、台北"中央研究院"院长等职。胡适兴趣广泛，著述丰富，在文学、哲学、史学、考据学、教育学、伦理学、红学等诸多领域都有深入的研究。

　　胡适终生服膺格拉汉姆·沃拉斯（Graham Wallas）的一句名言："人的思想是流动的，你如果不当时用文字把它记下，过时不见，再寻它不得。所以一支笔和一片纸，要常常带在身边。"因此，他一生坚持写日记。现在能够见到的胡适日记，从早年在上海澄衷学堂后期开始，到晚年在台北"中央研究院"逝世止，其间虽有中断，但总体上是完整的。

迄今为止，已经出版的胡适日记主要有以下 10 种：

1. 《胡适留学日记》，初名《藏晖室札记》，所载从 1911 年 1 月 30 日胡适在美国康奈尔大学留学起，至 1917 年 7 月 10 日留学归国回到上海止，全书分 17 卷。《胡适留学日记》在胡适生前出版过三个版本：第一个版本是 1939 年 4 月上海亚东图书馆出版的《藏晖室札记》；第二个版本是 1947 年 11 月上海商务印书馆出版的《胡适留学日记》，再版用的是原亚东版，新增《重印自序》，胡适认为原书名"是牵就旧习惯的举动"，故更名为《胡适留学日记》；第三个版本是 1959 年台北商务印书馆出版的《胡适留学日记》，增加《〈胡适留学日记〉台北版自记》。此后出版的胡适日记，要么依循这三个版本当中的一种，要么汇集其中两个或三个版本。

从 20 世纪 90 年代起，《胡适留学日记》在中国大陆先后出版多个版本，约略如下：上海书店出版社（1990 年）、海南出版社（1994 年）、安徽教育出版社（1999 年）、岳麓书社（2000 年）、同心出版社（2012 年）、上海科技出版社（2014 年）、上海三联书店（2014 年）等，都是依据台北商务印书馆版的再版。

2015 年 8 月上海人民出版社影印出版《胡适留学日记（手稿本）》，共 18 册（第 1—18 册为胡适日记影印本，另有一册"出版说明"）。此次出版的手稿影印本，依据收藏家梁勤峰发现的原件复制影印，完整地展现了日记的原貌。胡适在日记手稿中随文黏贴了400 多张中英文剪报及照片，并有文字说明或即兴感想。此手稿本将这些照片、剪报反面的注释都一并影印。其中，胡适 1917 年归国后半年中所写的《北京杂记》和《归娶记》为首次披露。《北京杂记》记录的是 1917 年 9 月至 11 月，胡适留美回国后初到北京的交往杂记和读书笔记；《归娶记》则写下 1917 年 12 月到 1918 年 2 月 2 日，胡适在安徽老家娶亲的经过，二者尤为珍贵。这套书印刷质量很好，堪称高仿真。

2.《胡适北大日记选》，台北远景出版事业公司 1984 年出版。该书收录胡适写于 1921—1922 年间未发表过的日记。

3.《胡适的日记》，北京中华书局 1985 年出版，分上下册。中国社会科学院近代史研究所中华民国史研究室根据胡适遗留在北京的日记手稿整理而得此书。包括胡适早年在上海的《藏晖室札记》己酉第五册和庚戌第一册，1921 年日记五册，1922 年日记六册，1937 年 1 月 1 日至 6 月 21 日、7 月 20 日至 8 月 2 日、9 月 7 日至 10 月 19 日日记三册，1944 年 1 月 3 日至 12 月 31 日之间 37 天的记事。

4.《胡适的日记》手稿本，台北远流出版公司 1990 年出版。为纪念胡适百年诞辰，经台北胡适纪念馆授权并征得胡适长子胡祖望的同意，远流出版公司于 1989 年 5 月 4 日至 1990 年 12 月 17 日，陆续将胡适 1921 年 4 月至 1962 年 2 月 21 日之间的日记影印出版，共 18 册。

5.《胡适遗稿及秘藏书信》，中国社会科学院近代史研究所耿云志先生主编，安徽黄山书社 1997 年影印出版，共 42 卷，第 14—17 卷是胡适日记。

6.《胡适日记》，沈卫威编，山西教育出版社1998年出版。该书是"中国现代作家日记丛书"之一，主要选收胡适五四前后及20世纪二三十年代的日记，少量选收了40年代日记片断。据编者说："我编的这本《胡适日记》是依据商务印书馆1947年版《胡适留学日记》、中华书局1985年版《胡适的日记》、台湾远流出版公司1990年12月版《胡适的日记》（手稿本）和安徽黄山书社1994年12月版《胡适遗稿及秘藏书信》（手稿本）四个版本摘编的。基本内容都是有关文学的。"

7.《胡适日记全编》，曹伯言整理，安徽教育出版社2001年出版，共8册。这套书"参照了各种版本的《胡适日记》整理而成"，补充了之前各种胡适日记版本遗漏的文字，然而百密一疏，难免有瑕疵。如，未收《北京大学图书馆藏胡适未刊书信日记》（清华大学出版社2003年版）所录的胡适澄衷学堂日记。第一册第85页，四月十四日作一文章"Ophelia"，编者给此英文加双引号，Ophelia是胡适这一时期所读莎士比亚戏剧 Hamlet（《哈姆雷特》）中的女子之名。第一册第320页第9行有"教堂呜钟"。"呜钟"一词，应作"鸣钟"。第二册书前第一幅照片，题"1915年5月，归国前夕的胡适"，而事实上，1915年胡适在美国留学，并未"归国"，他两年后（1917年）才回国。台北联经版《胡适日记全集》第二册书前仍插入这张照片，文字说明改为"1915年5月，进哥伦比亚大学前的胡适"。同册书前插图第3页照片下题："1917年初回国。此为与夫人江冬秀的合影。"

既然胡适在1917年7月回国，就不能说是"年初"。胡适与江冬秀这张合影，是 1917 年 12 月完婚前后拍摄（极有可能是结婚照），故不宜与"1917 年初"联系起来。台北联经版《胡适日记全集》第二册书前插入这张照片，仍为第 3 页，但是照片文字说明改为"1917 年 12 月 30 日完婚。此为与夫人江冬秀的合影"。第二册第 18 页倒数第 3 行记"不关痛养之文字"。"养"应作"痒"。第二册第 423 页，引文之"六"记"何以女美西施，男美宋朝"。"宋朝"应作"宋玉"。类似的瑕疵还有一些，不再举例。

8.《胡适全集》第 27—34 卷日记，安徽教育出版社 2003 年出版。依据安徽教育出版社版《胡适日记全编》所收录胡适 1906—1962 年间的日记，故存在同样的瑕疵。

9.《胡适日记全集》，曹伯言整理，台北联经出版事业公司 2004 年出版，共 10 册。台北联经版《胡适日记全集》以安徽教育出版社的《胡适日记全编》（2001 年）为底本，又增加了一些以前未收的新材料，包括北京大学图书馆新发现胡适 1906 年在上海澄衷学堂读书时的日记、台北"中央研究院"胡适纪念馆新近在馆藏胡适遗稿中发现的部分胡适日记，并且收录了胡适日记里附贴的剪报，是目前所见最完整的胡适日记整理本。

10.《胡适日记选编：离开大陆这些年》，新世界出版社 2013 年出版。该书收录了胡适离开中国大陆至离世前（1950—1962）12 年间的日记。

以上各种胡适日记，各有侧重，亦各有遗漏。有的虽然收录比较完整，如 2015 年上海人民出版社版《胡适留学日记（手稿本）》、2004 年台北联经版《胡适日记全集》是目前最为完整的版本，但是一般人很难见到。《胡适留学日记（手稿本）》仅印刷 200 套，在旧书销售网站的售价甚至高达 12 万元一套，一般人难见。虽然是高仿真本，仍难免有模糊不清之处。胡适当年写日记时，经常是毛笔、钢笔乃至铅笔夹杂，墨水颜色有黑、红、蓝等多种，加上书写随性，字迹时有潦草，这些都增加了识读的困难。台北联经版《胡适日记全集》系曹伯言整理本，由于这套书主要在中国台湾地区发售，中国大陆读者购买、阅读不易。

为此，有必要搜集、整合《胡适全集》（安徽教育出版社 2003 年版）未刊的胡适日记。此即编者编注这一本《胡适未刊日记辑注》的缘由。其中，《胡适晚年未刊行事历日记》以程巢父先生整理的《胡适未刊行事历》为基础，校勘台北胡适纪念馆所藏胡适日记档案，系首次刊印发表；《胡适零散遗漏日记》系检阅各种胡适日记而得的"漏网之鱼"，也属于首次披露；《北京杂记》《归娶记》《第十六册札记》，目前仅见《胡适留学日记手稿本》以影印方式出版。

兹就本书对胡适日记的整理，说明如下：

1. 本书依据目前已知的胡适日记手稿（以下简称日记手稿），收录《胡适全集》（安徽教育出版社 2003 年版）未收的胡适日记。具体情况为：《胡适澄衷学堂日记》依据的是 2003 年清华大学出版社出版的《北京大学图书馆藏胡适未刊书信日记》，《胡适早年未刊日记》依据的是上海人民出版社 2015 年版《胡适留学日记手稿本》，《胡适零散遗漏日记》主要依据台北远流 1990 年版《胡适的日记》手稿本，《胡适晚年未刊行事历日记》依据台北胡适纪念馆藏胡适日记手稿。

2. 日记手稿均无断句，编者按照现行习惯予以断句和标点。

3. 日记手稿文字属繁体的，一律改为相应的简体字。

4. 日记手稿中的异体字，不作改动。

5. 日记手稿中凡加圈以示着重的文字，按照现行习惯，以相应文字下加黑点予以替代。

6. 日记手稿中凡原有括号的，予以保留。

7. 日记手稿中的英文，或随文附注中译（置于"[ ]"内），或见于脚注。

8. 日记手稿中凡疑属于笔误的字，在注释中标注现行通用的字。

9. 日记手稿中凡疑属于赘字的，在注释中予以指出。

10. 日记手稿中凡疑有漏字的，在注释中添加相应的字。

11. 日记手稿中涉及的对胡适有较大影响的名称、著作、事物、事件，均作适当的注释。

12. 对词义因年代而产生演变，现在阅读起来易产生歧义的词语，作适当的注释。

13. 日记手稿中涉及的职务、机构、组织为依史料原貌保留，不作改动。

14. 为便于读者将来依据本书做进一步的史料挖掘和研究，本书详细介绍了胡适日记涉及人物的生平。另外，因《胡适晚年未刊行事历日记》中提到的不少人物与胡适仅有一面之缘（如慕名拜访胡适等情况），彼此并无长期交往，故而未在注释里介绍其与胡适的关系。

"忠于原著，保持原貌"是文献整理的基本原则。在本书编注过程中，编者始终告诫自己遵循这条原则。但由于编者的学识和种种条件的局限，肯定有疏漏和错误，恳请广大读者批评指正，使本书更加完整、完善。

付祥喜

2022 年 3 月

目 录

一

胡适澄衷学堂日记

（一）丙午年学界用自治日记 [1]

封面：丙午年学界用自治日记　胡洪骍

扉页：学者所以学，为人而已，非有他也。[2]

　　丙午夏五月适之录陆子以自警

---

　　[1]　1905 年春，胡适进入上海澄衷学堂学习，因"罢操风波"，1906 年夏离开该校，投考中国公学。在澄衷学堂就读期间，胡适留下了他存世最早的 100 篇日记（《丙午年学界用自治日记》）。该日记现藏于北京大学图书馆，2003 年由清华大学出版社影印出版，2017 年 3 月文汇出版社出版了由张立茂编注的《胡适澄衷学堂日记》。

　　据日记手稿，此"自治日记"从 1906 年 2 月 13 日开始，至同年 7 月 26 日为止。写在胡适购于书店的特制日记本上，格式划一，最顶端的横栏是日期，日期栏下是格言栏，印有古今中外哲人的名言警句。格言栏下为日记内容，有"记学""记事""接人""通信"四个直栏。日记本卷末印有"丙午年学界用自治日记补遗"。

　　日记手稿的"日期"中印有"来复"。"来复"语出《易经·复卦》之"七日来复"，后称一周为一来复，与"星期"之意相同。辑录时对每日"来复"予以省略。

　　[2]　原文为："学者所以为学，学为人而已，非有为也。"（陆九渊《象山语录下》）

◎ **正月二十日**（阳历二月十三日）

【记事】

澄衷^① 开学。

各科教习姓名如下：

国文　杨千里^②　　英文　丁莲伯　　理科　吴荫阶

算术　郁耀卿　　图画　朱仲璵　　唱歌　吴柳甫　　体操

郑子通

◎ **二月初十**（阳历三月四日）

【记事】

---

① 即澄衷学堂，中国近代早期私立学校。清光绪二十五年
（1899）浙江宁波镇海富商叶成忠独资筹建。1901 年正月落成，二月
开学，聘蔡元培代理校长。初名澄衷蒙学堂，后名澄衷学堂。校址
在上海虹口地区（今唐山路、公平路一带），专为在上海宁波籍贫家
子弟而设。编有《字课图说》教材等，为近代最早的小学语文教科
书。1902 年改设初等小学、高等小学，又设中学与师范科（后停办）。
1905 年春，胡适就读于澄衷学堂时，该校共有 12 个班，前六班为中
学，后六班为小学，胡适因英文、算学不佳而被编入第五班。

② 即杨天骥。杨天骥（1882—1958），原名锡骥，改天骥，字
骏公，号千里，别署茧庐、天马、东方、闻道等，江苏吴县人。1904
年任上海澄衷学堂国文教员，后参加同盟会和南社，曾任孙中山秘
书。1949 年后由柳亚子介绍加入民革，任上海华东文物管理委员会特
约顾问、徐汇区政协委员。著作有《茧庐吟草》《茧庐长短句》《茧庐
印痕》《茧庐长短句》《茧庐治印存稿》等。胡适在其《四十自述》中
有云："澄衷的教员之中，我受杨千里（天骥）先生的影响最大。"

今日为本斋①自治会②第一次开会之纪念日。（追记）

◎ 二月廿四日（阳历三月十八日）晴③

【记学】

夜间天气颇暖，辗转不能寐。一切往事皆来袭余心，益烦闷不可耐。自念当是心不安静之故，因披衣起坐，取节本《明儒学案》读之。每读至吴康斋（与弼）"人须整理心下，使教莹静常惺惺地，方好"；又，"责人密，自治疏矣"；又，"人之病痛不知则已，知而克治不勇，使其势日甚，可乎哉"等。窃自念小子心地龌龊，而又克治不勇。危矣殆甚！

【记事】

下午，偕余君成任④、郭君传治等八人至奇芳吃茶。每星期日学生至者极多，为学界一会集所焉。

---

① "本斋"即西一斋。当年澄衷学堂的课堂分两排，最高一班称为东一斋，第二班称为西一斋，以下直到西六斋。胡适当时所在的是第二班，即西一斋。

② "自治会"指的是澄衷学堂的学生自治会。该校学生自治会，分为小学自治会和中学自治会。

③ 日记稿本页眉印有的名人佳句，该日胡适圈点了"心似菩提树，意如明镜台。时时勤拂拭，勿使惹尘埃。（神秀）"。

④ "余成任"应作"余成仁"，胡适在澄衷学堂的同学。

至棋盘街^①购书（《自治日记》及《华英学生会话》）。

与余君及赵君敬承等议，拟发起一阅书社，赞成者颇多。

◎ 二月廿五日（阳历三月十九日）

【记事】

体操列一长蛇阵，先蜿蜒作螺旋形，复迤逦伸开，仍成一字形，离合变化，颇饶趣味。^②

拟阅书社简章程稿。

◎ 二月廿六日（阳历三月廿日）^③

【记学】

---

① 棋盘街，旧时上海人对九江路、汉口路、福州路、广东路、四川路（今四川中路）、江西路（今江西中路）等道路的统称。上海旧为江南水乡城市，道路依河而筑，参差不齐，杂乱无章。近代以前，上海尚无统一的市政组织和领导机构。清道光二十五年（1845）上海英租界建立后，即于次年成立"道路码头委员会"，作为市政的权威组织机构，并先后筑成以大马路（今南京东路）和界路（今河南中路）为横纵轴线的纵横有序的道路多条，与城内华界的道路形成鲜明的反差。由于这些道路形似中国的棋盘，故被称为"棋盘街"。约19世纪80年代，租界将棋盘街内的两条路正式定名"东棋盘街"和"西棋盘街"，于是泛称的"棋盘街"不再使用。至20世纪20年代前，棋盘街特指今河南中路。（薛理勇主编：《上海掌故辞典》，上海辞书出版社1999年版，第54页。）

② 这是体操课中的行进变队运动。由胡适所述来看，第一种是螺旋行进，第二种是蛇形行进。

③ 该日胡适圈点的名言警句是："志于声色利达者，固是小；剿摸人言语的，与他一般是小。（陆子）"

子舆氏①有言"人有不为也，而后可以有为"②"耻之于人，大矣"③。小子自念颇具廉耻心，惟名誉心太重。每致矫揉文过之弊端，欲痛革而未逮也。每念孔子"学者为己为人"之戒，胡居仁"为学在声价上做，便自与道离了"④之语，辄怵惕危惧不自已。记此所以自警也。

【记事】

阅书社章成立后，已蒙白振民⑤先生赞成，允以故算学三斋地假为社所，并允以本校藏书相助。本社得此助力，大约不十日当可成立矣。

本斋英文历史前读 *Peter Parley's Universal History*⑥，此书为宗教家言，所言上古史皆傅会⑦神鬼，如 god、angel 之类充塞纸上，无裨学术。因发起请 *Outlines of World's History*⑧ 易之，已得英文教习允诺矣。

----

① "子舆氏"即孟子，字子舆。

② 出自《孟子·离娄章句》。

③ 出自《孟子·尽心章句》。

④ 出自《明儒学案》卷二《崇明学案二下》。原文为："今人为学，多在声价上做，如此，则学时已与道离了，费尽一生工夫，终不可得道。"

⑤ 即白作霖。白作霖，字振民，号质盦。清末民初教育界名流、翻译家。时任澄衷蒙学堂总教习。因其与胡适的二哥胡觉是南洋公学的同学、好友，故在白作霖的劝说下，14 岁的胡适转到澄衷学堂就学。

⑥ 即萨缪尔·戈德里奇的《彼得·帕利万国通史》（Samuel Goodrich, *Peter Parley's Universal History*, 1837）。

⑦ 今通用"附会"。

⑧ 《世界史纲要》。

◎ **二月廿七日**（阳历三月廿一日）

【记事】

新读之 *Outlines of World's History*，以著者为美人维廉司卫顿，中皆哲学家言，解释"历史"之界说，甚喜之，拟暇日当为译成汉文。

◎ **二月廿九日**（阳历三月廿三日）[①]

【记学】

程子"学始于不欺暗室"一语，正是为小子好名之戒。

【记事】

今日集益会[②]开第五次常会，特请杨千里师、郁耀卿师演说。郁师演说"演说之道"，中有"不得肆口嫚骂[③]"一段，犹为切中当今新党少年之弊。杨师演说"一会之成立与否，在众会员程度之高下，不仅在一二职员"，以譬之一室之成于众石，明淅[④]之至。今日为本会成立一月之期，应重举职员。余复被选为书记，以身兼数职，不暇兼顾，辞之。以期迫，不及议结，乃定于星期日开特别会提议，遂散会。

---

① 该日胡适圈点的名言警句是："学始于不欺暗室。（大程子）"
② "集益会"，澄衷学堂的学生社团。
③ "嫚骂"，同"谩骂"。
④ "明淅"应作"明晰"。

◎ 二月三十日（阳历三月廿四日）[1]

【记事】

严君佐清等发起一理化研究会，欲余同为发起人。以筹款不易，仪器无从购办，不成反贻人笑，辞之。

阅书社发起以来，赞成者颇众，捐助书籍者亦踊跃。

◎ 三月初一日（阳历三月廿五日）[2]

【记事】

本斋自治会开第三次常会，余提议数事（见后补遗），皆得会员赞成。此外，数君提议（皆见后）。[3] 三时散会。

郑芳世（故梅溪[4]同学）自复旦[5]来此，余与之别一年半矣。握手相叙，复出郑君仲诚手书致余，知仲诚已来复旦矣。

集益会开第一次特别大会，提议余及余君成仁、郭君传治等辞职事。余与之辩论数次，会员终不允，乃与之订约而罢。

（演说稿附后）

【接人·来】

郑芳世

---

① 该日胡适圈点的名言警句是："风吹瓦堕屋，正打破我头。瓦亦自破碎，岂但我血流。我终不嗔渠，此瓦不自由。（王荆公）"

② 该日胡适圈点的名言警句是："直须抖擞精神，莫要昏钝，如救火、治病然，岂可悠悠岁月？（朱子）"

③ 该日日记中的"见后补遗""皆见后"，其后均未见附录。

④ "梅溪"指梅溪学堂，胡适来澄衷学堂之前就读于该校。

⑤ "复旦"即复旦公学。

【通信·来】

郑璋

◎ 三月初二日（阳历三月廿六日）①

【记事】

西四②学生前议发起一讲书会，幼稚学生具社会思想诚不易得，故杨师③于集益会曾提议，此事请举一代表人为之厘定章程。继以时迫，不及选举。昨日，自治会开会，余君亦提议此事。继由全员公举余为代表人。余颇喜担任此责任，拟俟集益会代表人举定后，当与之商榷也。

◎ 三月初三日（阳历三月廿七日）④

【记学】

静坐，忆及孟子《杨子为我》一章。其评论杨墨二氏皆有至理；其评杨氏则含讥其太宝贵一己之灵魂躯壳之意；其评墨氏则含有范围太滥之意；其评子莫则隐寓守经不能变之意。窃

---

① 该日胡适圈点的名言警句是："初进学时速后来迟，问何故迟？曰：如挽弓到满时，愈难开。（谢上蔡）"

② "西四"指西四斋，亦即澄衷学堂的第八班。

③ "杨师"即杨千里。

④ 该日胡适圈点的名言警句是："智者一切求诸己，愚者一切求诸人。（袁波尔）"

谓孟子之所谓中者，即"亲亲之杀"①是也。杨则不及，而墨则太过；子莫知其过不及而不能行之适当，此其所以见讥于孟子也。

◎ **三月初四日**（阳历三月廿八日）②

【记事】

前朱君成杰等拟发起一算术研究会，拟请张琴舟③师代拟章程。此会办法，余闻之朱君曰：

（一）由会长按会员之算学程度分别为班次；

（二）每星期开一次会，由会长（或教习）出题，交会员携归演算，限期缴卷，由会长择其最佳之法式宣告大众；

（三）每会期由会员演说心得或质疑问难。

以上办法甚善，又诸发起人若朱君、若严君算术程度皆极高，此会指日当可成立也。

◎ **三月初五日**（阳历三月廿九日）④

【记事】

---

① "亲亲之杀"出自《礼记·中庸》。原文："仁者，人也，亲亲为大。义者，宜也，尊贤为大。亲亲之杀，尊贤之等，礼所生也。""杀"即等杀或等级的意思，"亲亲之杀"的意思即是亲戚的亲疏或等级，即亲戚关系的远近。

② 该日胡适圈点的名言警句是："习劳苦为办事之本，引用一班能耐劳苦之正人，日久自有大效。（曾文正）"

③ 即张俊三，字琴舟，著有《最新几何画法教本》（澄衷印书局 1906 年印行）。

④ 该日胡适圈点的名言警句是："义理有疑，则濯去旧见，以来新知。（张子）"此语出自宋人张载《经学理窟·义理篇》，"新知"一词原文作"新意"。

本斋国文程度不齐，近由杨师分为三组：

（甲组）读饮冰室文 ①

（乙组）读粹化新编 ②

（丙组）读春风馆国文教科书 ③

计丙组八人，乙组十人，甲组则郭君、余君、朱君及余四人也。

本校以西文定班次，故有国文程度不齐之病。去岁闻有中西分班之议，然而能言而不能行也。

◎ 三月初六日（阳历三月三十日）④

【记学】

曾文正"做好人、好官、名将，俱要好师、好友做榜样"一语，足见文正一生谨慎之至。惟古人有言："待文王而后兴者，凡民也，若非豪杰之士，虽无文王犹兴。"⑤ 使文正之言而尽然也，则最初之好官、好人、名将又何所榜样乎？

---

① 即《饮冰室文集》。《饮冰室文集》是梁启超在光绪二十八年（1902）自选的文集，以编年体印行，广智书局出版。光绪三十一年（1905）年改为分类体，1915 年由中华书局出版。

② 指的是王文善编《国文读本粹化新编》（上海群学会 1906 年印行）。

③ 1905 年上海春风馆印行的《初等国文教科书》，石印，共十册。

④ 该日胡适圈点的名言警句是："凡做好人、做好官、做名将，俱要好师、好友做榜样。（曾文正）"

⑤ 出自《孟子》。

【记事】

集益会已举余君成仁为代表人，因与之拟定章程十条，缮就，交西四斋发起人唐君世成将去。

◎ **三月初七日**（阳历三月卅一日）

【记事】

西四讲书会今日开最初会，招余及余君往观。先由发起人潘宗岳君宣告章程，次公举职员。其幼稚之状态颇有足观者。是日，余本略有所陈说，以时促，不果。

◎ **三月初八日**（阳历四月一日）

【记事】

早起返栈^①，携集益会及自治会简章与二兄^②看，二兄谓自治会章太脱空（盖二兄未见尚有自治会规则十条也），集益会章宗旨一条不能包自治，皆当改正者也。

阅书社第一次借书，计借者二十二人。时本社藏书盖四百余部也。

---

① 当时胡适家在上海南市开了一家油栈，由他二哥管理。胡适在澄衷学堂读书时，节假日回家，故而其日记中时有"返栈"之记载。

② "二兄"指胡适同父异母的兄长胡绍之，长胡适十五岁。胡绍之掌管家里的财政，又在梅溪书院、南洋公学读过书，"旧学皆有根底"（胡适语），思想观念比较开明，对胡适早年思想和行为影响较大，胡适在日记和《四十自述》中多次提及"二兄"。

夜，往棋盘街购《迈尔通史》^①一本、《海天啸传奇》^②一本。

◎ 三月初九日（阳历四月二日）^③

【记事】

昨日所购得之《迈尔通史》，今日忽失去。同室张美品君亦失去《新民丛报》四册、化学书一册。本校窃案屡出不一见。而书则除学生外，无欲之者。以学生之资格而作此等下流之事，可哀可笑。

◎ 三月初十日（阳历四月三日）^④

【记事】

---

① 《迈尔通史》（*A General History for High-School——Myers' General History*）。《迈尔通史》在清末民初时期是具有代表性的西洋史书。黄佐廷口译，张在新笔述，山西大学堂译书院本，上海美华书局代印，铅印本1册，清光绪三十一年（1905）出版。原作者菲利普·范·N.迈尔（Philip. Van. N. Myers 1846—1937），美国历史学家，辛辛那提大学历史学与政治经济学教授，著有《希腊历史中的文学分析》《罗马人简史》《古代史》《道德的历史》等。

② 《海天啸传奇》，刘钰撰，上海小说林社1905年12月出版，小说林丛书之一种。此作为传奇剧本，而非小说。作者刘钰，字步洲，江苏江阴人，生卒年代及生平事迹未详。

③ 该日胡适圈点的格言是："我否子亦否，我然子亦然；然否苟由我，于子何有焉。（陈白沙）"

④ 该日胡适圈点的名言警句是："上是天，下是地，人居其间，须是做得人，方不枉。（陆子）"

昨日之书，为一西四斋学生○○①所取。盖○是日适告病假，卧寄宿所内，故舍监疑即其所为。乃赚得其锁钥，密启其行箧，各书果皆在。且张君之书皆钤有图章，而○竟将其钤图章处尽行撕去以灭迹，其用心亦良险也。

然○○只十一岁，知识未定，似尚在可原之例。晚膳时与之相遇，○即反身走，面赧赧然。余见其有羞恶之心也②……因召与之语曰："君不欲见我，足见君之性灵未全汩没，余甚喜悦。惟君前日所为，实为大误。盖吾所失一书耳，而君则失一身之名誉。书失可复购，名誉一坏则不可复涤，且此犹无形之损失也；更就形式上言之，则吾所失一书值二元耳，君事觉，甚且开除出校，是且损半年学费矣。害人一，而害己且什佰，君何乐为此欤？"○意似为动云。

◎ 三月十一日（阳历四月四日）③

【记学】

曾文正"百种弊病皆从懒生"云云，实具至理。友人郭君虞裳，粹于国文，性极聪颖，惟有懒病。予尝以"精神愈用则愈出"之语相勉，郭君答予以"君崇拜此语诚是，但恐君他日将坐此而促其寿命耳"。予闻之心为之震动不已。徐思之，盖至言也。

---

① "○○"系原稿所有，胡适以之代替窃书学生之名。

② 据日记手稿，自此以下皆写在"记学"栏中。

③ 该日胡适圈点的名言警句是："百种弊病，皆从懒生。懒则弛缓，弛缓则治人不严，而趣功不敏，一处迟则百处滞矣。（曾文正）"

◎ 三月十二日（阳历四月五日）①

◎ 三月十三日（阳历四月六日）②

【记事】

本日为清明节假。下午，偕余君成仁、陈君受昌出游。陈君言，省渔业公司将往义国③赛会，其赛品物陈列于里白渡桥堍陈列所内，盍同往观之？金曰诺。至则见各品，有生鱼，有腌鱼，有介壳，无类不备。中有大龟，径三尺余，以酒浸之。有小龟，径二三寸，生绿毛，长寸许。又有鲨鱼项骨一具，长六尺余，皆创见也。此外，有《中国渔界图》数幅，中西文合璧，精细详明。渔船及网罟模型百④十具，制造精巧。此次赛会，当不至于蹈前数次之故辙而失败也。

◎ 三月十四日（阳历四月七日）⑤

【记事】

回栈省二兄。二兄为余言学生开会之不合理，反复辩论，

① 该日无"记学""记事"。胡适圈点的名言警句是："雪耻酬百王，除凶报千古。（唐太宗）"
② 该日胡适圈点的名言警句是："晚辈假先儒一言半句以济其私，最害事，今日尤甚。（张南轩）"
③ "义国"指意大利。
④ 据日记手稿，自此以下皆写在"记学"栏。
⑤ 该日胡适圈点的名言警句是："或曰讲学人多迂阔无才，不知真才从讲学中出。性根灵透，遇大事如湛庐刈薪。（邹南皋）"

惟谓学生者，惟自治会可开，然恃会而自治，其自治之精神亦微乎其微矣。

晤程君士衡，述梅溪近况。盖较之前年又退化矣，为之一叹。

阅《吟边燕语》① 竟。

是夜，宿栈中。

◎ 三月十五日（阳历四月八日）②

【记事】

自治会开第四次常会。予宣告会事已。复提议"每人各备一册，半以记己过，半以规人过"一事，蒙会众赞成，遂实行。

是日全斋同学相继演说，极一时之盛云。

◎ 三月十六日（阳历四月九日）③

【记事】

自本斋自治会发起后，各斋相继代兴。东二则钱应玙君等，西二则孙颂臣君等，东三则欧阳荣耀君等，接踵发起"东二自

---

① 《吟边燕语》（英国莎士比亚作品早期的中译本，林纾、魏易合译），由商务印书馆 1904 年刊行。

② 该日胡适圈点的名言警句是："学问须是大进一番，方始有益。（朱子）"

③ 该日胡适圈点的名言警句是："每日临睡时，默数本日劳力者几件、劳心者几件。（曾文正）"

治""西二励学""东三自治"各会。此外，尚有"理化研究会""英语研究会""球会""运动会"等相继勃起。猗欤盛矣！

◎ 三月十七日（阳历四月十日）[1]

【记事】

西国举议员（代议士）一事，予习闻之，以为随众人之意向而举之，不必被选者之知之也。又以为，被选者苟自陈欲被选之意于举人者之前，则将跻身于钻营者之列也。今读 Arnold Jorster 之《国民读本》[2]，乃知其有大谬不然者，因节译其论[3]选举（Voting）一段如下，以见英国选举乃由被选者之愿意而始举之也。

选举之先数日，诸怀 Member of Parliament[4] 之希望者，乃群集于选举之区，陈说其所怀抱之入议院后所行之政策于 Voter[5] 之前。及选举之日，诸有 Voter 之权者乃入于 Voting office[6] 之秘室内，签 × 字于选举票（Ball of Paper）之上，此纸上即前欲为议员诸人之姓名，× 字即签

① 该日胡适圈点的名言警句是："耻之于人大矣。为机变之巧者，无所用耻焉。（孟子）"
② 即阿诺德·乔斯特（Arnold Jorster）的《国民读本》（*Citizen Reader*）。
③ 据日记手稿，自此以下皆写在"记学"栏。
④ 议员。
⑤ 选民。
⑥ 选举办公室。

于此 Voter 最倾向之一人姓名之下而投于投票箱内。举毕而计其数之多寡，其得多数者，就被选矣。是名秘密投票（Ballot）。

◎ 三月十八日（阳历四月十一日）[1]

◎ 三月十九日（阳历四月十二日）[2]

◎ 三月二十日（阳历四月十三日）[3]

【记事】

集益会开第七次常会，余君演说，提议会员不到会逾三次者即令出会之法，众皆赞成。继白雅余[4]先生演"泰否"二字之义。继由汪立贤君演说南昌教案，言佛教入中国千年无教案，景教一入则教案纷起，病民祸国云云。继严君佐情演说光学，李君世桂演说算术九试法。余闻诸君演说，辄生无数感情，乃登台演说[5]，总论各人之演说：于余君则深明法律与道德之关

---

① 该日无"记学""记事"。胡适圈点的名言警句是："一事失诸晚，万事随而晚。（卡陀）"

② 该日无"记学""记事"。胡适圈点的名言警句是："茫茫沧海填精卫，寂寂空山哭杜鹃。（夏存古）"

③ 该日无"记学""记事"。胡适圈点的名言警句是："须是大其心使开阔，譬如为九层之台，须大做脚始得。（大程子）"

④ "余"应作"雨"，即白雅雨。白雅雨（1867—1912），名毓昆，字雅雨，江苏南通人。1902—1907 年在澄衷学堂教授史地课。

⑤ 据日记手稿，自此以下皆写在"记学"栏。

系，并以治己治人及被治于人之义相劝；于汪君则就佛教景教上发一爱国之论，谓佛教无国力保护之，故不敢生事，近世景教则一教士俨然一国也，故敢生事；于严君则辨其"隔墙不能见光，为光线屈折之故"，为反光线反射之故；于李君则加说"七试"法。皆深得会员欢迎云。

◎ 三月廿一日（阳历四月十四日）[①]

【记学】

《国民读本》（*Citizen Reader*）一书，其于国家政治[②]律，以及成人之道、自治治人之理，皆推阐无遗，其中哲言法语足为座右铭者，不可胜数，今译其一二：

（a）To rule oneself is the first step to being able to rule other. 自治者乃治人之第一着手处也。[③]

（b）We shall do not injustice to others nor suffer injustice ourselves. 毋以不义加[④]人，亦毋受人不义之加诸我。

以上二语，其第一语则"未有己不正而能正人者"之义也，其第二语则"己所不欲，勿施于人""我不欲人之加诸我也，我亦欲毋加诸人"之义也。呜呼！我学者其毋唾弃先圣，先圣固

---

① 该日无"记学""记事"。胡适圈点的名言警句是："二十年治一怒字，尚未销磨得尽，以是知克己之难。（薛文清）"

② 漏"法"字。

③ 据日记手稿，自此以下皆写在"记事"栏。

④ 漏"诸"字。

与二千年后之泰西哲学家、教育家同其学说也。

◎ 三月廿二日（阳历四月十五日）①

【记事】

返栈省二兄，语及译书事。予语二兄以欲译《世界史纲》（*Outline of the World's History*）一事，二兄言："汝以此暇时为散步及运动之用，则足聚尔精神以为后用，若长此取多而供少，则脑且缩矣。且汝能译是书，必已能读之矣。若再译之，则仍此书也。汝能以此暇时读他种新科学书，则为益多矣。何虚牝此可贵之时日为？"予闻此议论，译书之念始息。

得家书一。

◎ 三月廿三日（阳历四月十六日）②

【记学】

予喜规人过，而于己之过失或反不及检点，此为予一生大病。千里师③尝以"躬自厚而薄责于人"④相勖，顾虽深自克制，犹不能克除净尽矣。吴庸斋曰："责人密，自治疏矣。"⑤呜呼！

---

① 该日胡适圈点的名言警句是："古人云，一刻千金，一年间有许多金子。既不卖人，又不受用，不知放在何处，只是花费无存，可惜！（邹东廓）"

② 该日胡适圈点的名言警句是："杀人须爱咽喉上着刀，吾人为学，当从心髓入微处用力。（王阳明）"

③ 指杨千里。

④ 出自《论语》。

⑤ 出自吴与弼（康斋）的《日录》。

此言吾朝夕置之脑中也。

◎ 三月廿四日（阳历四月十七日）①

【记事】

下午，本斋以季考将近，先考英文"默书"（Dictation）、"拼字"（Spelling）。

◎ 三月廿五日（阳历四月十八日）

【记事】

本校近改月考为季考。今届第一学期考试之期，故本日下午二时考英文"会话"（Conversation）一科，予亦得上取。三时考绘图。

◎ 三月廿六日（阳历四月十九日）

【记事】

上午考算术，予作五题（共六题）。

下午考英文"读本"（Reading）及"文法"（Grammar）二科。

◎ 三月廿七日（阳历四月二十日）②

【记事】

---

① 该日胡适圈点的名言警句是："人处忧患时，退一步思量，则可以自解。此乃处忧患之大法。（吕东莱）"

② 该日胡适圈点的名言警句是："三十功名尘与土，八千里路云和月。莫等闲，白了少年头，空悲切。（岳武穆）"

上午考物理。

下午考英文"地理"（Geography）、"作文"（Composition）。

◎ 三月廿八日（阳历四月廿一日）^①

【记学】

噫！余过失丛杂，不易尽去。朱子"即此欲去之心，便是去之之药"一语，其予以我自新之道矣。

【记事】

上午考"历史""伦理""地理"。

下午考英文"历史"（History）。

连日考试，惫甚。予最嗜小说，近已五日未看矣。考毕，阅《战血余腥记》^②一帙，竟之，始稍愈。

---

① 该日胡适圈点的名言警句是："凡日用间知此一病百欲去之，则即此欲去之心，便是能去之药，但当坚守常自警觉。（朱子）"

② 《战血余腥记》共有林纾所译的两种，一为《利俾瑟战血余腥记》，一为《滑铁庐战血余腥记》，后者为前者的姊妹篇。两书的原作者都是法国的阿猛查登，英译者为英国的达尔康，林纾与曾宗巩据英译本译出。《利俾瑟战血余腥记》的初版时间为1904年正月（原书标记为光绪三十年，上海文明书局，1905年2月再版）。《滑铁庐战血余腥记》的初版时间是1904年6月5日（原书标记为光绪三十年四月二十日印刷，光绪三十一年三月十日再版，文明书局印刷并发行）。胡适当日所读，究竟是其中哪一本或者两本皆是，待考。

◎ 三月廿九日（阳历四月廿二日）^①

【记事】

返栈，得家书一，盖杏盦叔祖自里中来也。就省之，得悉外祖父及姑公皆相继彫^②谢。予幼承二老爱抚甚笃，今不克亲其声音笑貌矣，哀痛何似耶！

◎ 三月三十日（阳历四月廿三日）^③

【记事】

今日考毕，无所事事，不作课也。

◎ 四月初一日（阳历四月廿四日）^④

◎ 四月初二日（阳历四月廿五日）^⑤

【记事】

---

① 该日胡适圈点的名言警句是："议论往往堕一偏，孟浪者即要功生事，委废者一切放倒，为害则均。（张南轩）"

② "彫"为"凋"的异体字。

③ 该日胡适圈点的名言警句是："为虺弗摧，为蛇奈何。涓涓不塞，将成江河。绵绵不绝，将成斧柯。（《家语》）"

④ 该日无"记事""记学"，胡适圈点的名言警句是："横逆之来，愚者以为遭辱，智者以为拜赐；毁言之集，不肖以为罪府，贤者以为福地。小人相处，矜己者以为荆棘，取人者以为砥砺。（邓南皋）"

⑤ 该日胡适圈点的名言警句是："天道在人，凡有不如意者，皆人之罪，皆人之不德无智所致。（福泽谕吉）"

江苏学政唐春卿来此视学。方其将抵沪上也，江苏学会开会以欢迎之，未尝不郑重其事也。顾唐之视学，实徒事虚文。他校吾不知，彼之来本校，除吃午膳外，惟一至小学各斋一观（吾却未一睹其面），及略观诸生文课耳，而乃贸贸然评曰："精神畅足，形式完美。"噫！吾不知其何所见而至然也。（闻之郭君，唐之至西成小学也，见其成绩，只有英文字课，则大抵曰，"翻译略有门径"云云。噫！可笑可怜，乃至于此！）

◎ **四月初三日**（阳历四月廿六日）①

◎ **四月初四日**（阳历四月廿七日）②

【记事】

集益会开第八次会，选举职员。余仍被选为书记。余本欲辞职，顾思选举之理，被选者无辞职之权利，乃止。

◎ **四月初五日**（阳历四月廿八日）

【记事】

西四讲书会开第四次会。余与余君遇之，由会员邀入旁听。见会员各存意见，以小故而喋喋争论不少休，乃为之说"友爱

---

① 该日无"记学""记事"，胡适圈点的名言警句是："仁者人也，义者我也。以仁待人，以义正我。（董子）"
② 该日胡适圈点的名言警句是："万物皆备于我矣，反身而诚，乐莫大焉。（孟子）"

之真义"讲书之实行"二事而退。

本校球会约麦伦书院①学生来此比球，麦伦爽约不至。前此，麦伦约本校同学至彼比球，及至，乃闭门不纳。其无信行已极。盖麦伦为外国教士所设，故但育其为细崽之才，而不欲其具人格也。可叹！

◎ 四月初六日（阳历四月廿九日）

【记事】

上午偕余君、郭君游公家花园。

下午二时，本斋自治会开第五次会。盖本会成立后，二月于兹矣。予演说三事："释治字之义""论同学宜于学问上、德性上着力竞争""论选举时被选者及选人者之权利义务"。演已，公举职员。予以 18 票被选为会长。此外，余君、朱君、陈君（受昌）各得一票。由会众议决，会长由余一人独任，不复置②副会长。书记则余君，干事则陈君也。

是日会员毕至，以杨师昨有言"不到者将扣去品行分数"故也。余每于道德上设辞，谆谆告诫，令其每次到会，终无效。今乃惧法律上之处罚而不敢不来。是程度之浅、资格之低欤？抑办理之道未尽善欤？为之三叹！

---

① 麦伦书院，英国教会伦敦会于 1898 年在上海创办。1927 年改名为麦伦中学，1953 年 5 月改为公立，更名为继光中学。

② 据日记手稿，自此以下皆写在"记学"栏。

◎ **四月初七日**（阳历四月三十日）①

【记事】

得郑君仲诚（璋）自复旦来函，述近况甚失意，语极感慨。余以"失意之事，正所以练习他日处世之才能"慰之。仲诚为余至交，年十七，粤之潮人，余梅溪同学也。

◎ **四月初八日**（阳历五月一日）②

【记事】

予幼嗜小说，惟家居未得新小说，惟看中国旧小说，故受害滋深。今日脑神经中种种劣根性皆此之由。虽竭力以新智识、新学术相挹注，不能泯尽也。且看浅易文言，久成习惯，今日看高等之艰深国文，辄不能卒读。缘恶果以溯恶因，吾痛恨③，吾切齿而痛恨。因立誓，此后除星期日及假期外，不得看小说，惟此等日，亦有限制：看小说之时限，不得逾三小时；而所看除新智识之小说，亦不看也。

---

① 该日胡适圈点的名言警句是："凡作一事，便须全副精神注在此事，首尾不懈。不可见异思迁，做这样想那样，这山望那山。人而无恒，终身一无所成。（曾文正）"

② 该日胡适圈点的名言警句是："人要为圣贤，须是猛起，如服暝眩之药，以黜深痼之疾，真是不可悠悠。（曹月川）"

③ 据日记手稿，此后皆写于"记学"栏。

◎ 四月初九日（阳历五月二日）①

【记学】

余平时行事偶拂意则怫然，怒不可遏，以意气陵人，事后思之辄愧怍无已。盖由于不能克己之故，即程子所谓"为气所胜，习所夺"也，后当深戒之。

◎ 四月初十日（阳历五月三日）②

【记学】

西谚有云："一犬逐二兔，必不能得其一。"与荀子此言③大类。

【记事】

算术研究会前以小故未及兴办，今承朱君（成杰）以定章程事相委，乃与之厘定简章八条，拟请各算术教员改正后始刊行发布也。

◎ 四月十一日（阳历五月四日）④

【记事】

作书致二兄。

---

① 该日胡适圈点的名言警句是："学者为气所胜，为习所夺，只可责志。（小程子）"

② 该日胡适圈点的名言警句是："行衢道者不至，事两君者不容。目不能两视而明，耳不能两听而聪。（荀子）"

③ "荀子此言"指的是该日胡适圈点的名言警句。

④ 该日胡适圈点的名言警句是："行到水穷处，坐看云起时。偶然值林叟，谈笑无还期。（王摩诘）"

集益会开第八次常会，各职员欲辞职者极多，辩论不休。似此情形，恐不能持久也。

【通信·往】

致二兄。

◎四月十二日（阳历五月五日）[1]

【记事】

余经事不多，识力不足，故办事每不能以快刀断乱丝之手段施之，是以常失之过柔，惟自信所办事却不存一丝"利己"之心。虽屡招人怨，顾自念吾行吾心之所安而已，不为屈也。然数年以来，吾以诚待人，而人乃以权术待我。非特此也，且以"妒忌"报我，以"多事"称我。我自抵[2]沪以来，得友仅二人，一为郑仲诚，一为张美品，亦以此耳。言念及此，能不使人血冷耶！

◎四月十三日（阳历五月六日）

【记事】

返栈，得悉旅沪皖人组织一"安徽旅沪学会"，此为吾皖人创举，闻之大快意。闻此事主动者为方君守六，定今日开会，

---

①　该日胡适圈点的名言警句是："劝君莫着半点私，终无人不知。劝君莫用半点术，终无人不识。（蔡虚齐）"

②　据日记手稿，此后均写于"记事"栏。

布告章程。余本欲赴会，后读《时报》，知已缓期（日未定），乃罢。

午后二兄携予往奇芳，途次为予述吾乡女子①教育之难，为之于邑不已云。抵奇芳，遇祥翰叔，坐移时，予先回校，以阅书社将开社也。

◎ 四月十四日（阳历五月七日）

【记事】

作函致郑仲诚君。

◎ 四月十五日（阳历五月八日）

【记学】

余等近日所读之《国民读本》，所论法律之公例六条甚切，当译之：

1．Everyone is equal before the law. 凡人对于法律皆平等。

2．Every man is held to be innocent until he is proved to be guilty.② 凡人未为他人证其有罪之前，皆当以无辜待之。

3．No one can be tried twice for the same offence. 同一罪名，不能经二次之裁判。

4．All courts of justice are open to the public. 公堂皆洞开，恣

---

① 据日记手稿，此后均写于"记事"栏。
② 据日记手稿，此后均写于"记学"栏。

人观审。

5. No one is a judge in his own cause. 凡人不能裁判关切己身之讼事。

◎四月十六日（阳历五月九日）^①

【记事】

6. No one has the right to take the law in his own hands. 法律不能以一人私之。

以上六条，惟第三则^②

◎四月十七日（阳历五月十日）^③

【记事】

钟衡臧先生（去岁在此教授理化）现发起一化学游艺会，集多数学校之生徒，以试验化学的实验。本校往者亦众。余于化学一科素未涉猎，不能追随诸同学之后，可愧也（会期在二十日）。

---

① 该日胡适圈点的名言警句是："不能克己者，志不胜气也。（薛敬轩）"

② 该日所记系阳历五月八日日记的延续，未记完全。

③ 该日胡适圈点的名言警句是："记曰：君子庄敬日强，安肆日偷。盖常人之情，才放肆，则日就旷荡；才检束，则日就规矩。（小程子）"

◎ 四月十八日（阳历五月十一日）①

集益会开会。此次会事更不如前。噫！危矣！

◎ 四月十九日（阳历五月十二日）②

◎ 四月二十日（阳历五月十三日）③

【记事】

返栈，省二兄。二兄为予言办事之要素，及旁论今昔办事之难易（指南洋公学），并纵论宋明儒之得失。

安徽旅沪学会今日开第一次会于寰球中国学生会，到会者百数人。先由发起人演说，次来宾演说，次宣布章程，由大众酌改，历二时之久。职员因会员未相认识，故不举。是日到会者皆签名，颇形踊跃也。

◎ 四月廿一日（阳历五月十四日）④

【记学】

化学游艺会改期，今日开会于丹桂茶园。与会试验者五校，

---

① 该日胡适圈点的名言警句是："巉鸡终日营营，无超然之意。须是一刀两断。何故营营如此？营营底讨个什么？（陆子）"

② 该日无"记学""记事"，胡适圈点的名言警句是："且以所见者实体诸心，必将有疑。果无疑，必将有得。果无得，又必有见。（王阳明）"

③ 该日胡适圈点的名言警句是："古语云，自胜之谓强，曰强制，曰强恕，曰强为善，皆自胜之意也。（曾文正）"

④ 该日胡适圈点的名言警句是："狐裘卧载锦驼车，酒醒冰髭结乱珠。三尺马鞭装白玉，雪中画字草军书。（陆放翁）"

即龙门、理化速成科、健行、竞存及本校也。到会旁观者千余人，惟笑语嬉戏较剧场尤喧哗，亦足见我国人之无公德心矣。是日试验，计理化速成科最优，本校次之，龙门、健行又次之，竞存最下也。（本校本可占优胜，惟以二原因而失败，一为钟君徇私，以四校皆其所教授也；一为外界之阻力，试燐①火时，竞存倾燐火于本校同学之身，乃就试验器盛水救之，遂失败也。）

【记事】

旅沪学会章程，原文注重"学界"，故曰"本会为在上海各学校之安徽人组织而成"，嗣由会员改定，将"各学校"三字除去。范围诚广矣，然吾皖人除学界外，流品至杂，程度至不齐，即以商界而论，非特不能相团结、相维持，甚且相嫉也、相害也。以此等资格而欲与之办事，其偾事也必矣。故余欲先从学界着手，拟执此说以驳此章程，俟一有暇，即当从事于此也。

◎ **四月廿二日**（阳历五月十五日）②

【记事】

昨日化学游艺会，余以本校招待员得与会参观，觉脑中生善感情一，恶感③二，如下：

善感情……此会鼓励化学之实验，使我国民渐知由理论的

---

① 现通用"磷"。
② 该日胡适圈点的名言警句是："君子有终身之忧，无一朝之患也。（孟子）"
③ 此处漏"情"字。

而趋于实行的。

恶感情……（1）旁观者见各种重要之实验而不动心，独见放薄膜球败拍掌，足见程度之浅也。（2）健行学生有傅粉作妇人状者，可哂也。

◎ 四月廿三日（阳历五月十六日）[①]

【记事】

今日天气极热，本校夏操服尚未办就，金欲请罢操。余为言于林仲希先生（监起居），先生谓可着旧夏操衣。余往检之，则复少十件。遂不能操，及时遂相率入本斋温课。而林先生及白振民先生忽来诘责，予以"天热"复之。白先生怒甚，谓余聚众要挟。时东一斋亦不操，白乃曰："东一不操，西一担其责；西一不操，胡洪骍担其责。"遂去。意欲重罚为首之人。后以杨师之言乃止。

复欲补操，时天小雨初晴，热少退，学生遂补操。寻白复出一牌曰："……[②]胡洪骍、赵敬承（东一班长）不胜班长之任，

---

① 该日胡适圈点的名言警句是："学者须占定第一义做工夫，方是有本领学问；此后自然歇手不得，如人行路，起脚便是长安道，不患不到京师。（刘蕺山）"

② 据日记手稿，此后文字皆写于"记学"栏。

应即撤去。"① 夫此事惟"先未告白振民先生",是为余罪。至②
此外罪名均非所甘认。若不胜任班长,则每斋班长四人,余乃
其副中之副也。惟余近亦不愿任事,荒工课,故亦不与辩。夜
间闻余君言:"总教谓君强辩,谓上午托言不能操,而下午却能
补操,且操后何以不病也?"予时适作一书与白,陈述上午之
情形及其原因,因即引余君之言略加辩白。惟书中之意,固不
注重此数语也。

【通信·往】

致二兄、致白振民。

◎ **四月廿四日**(阳历五月十七日)③

【记事】

予昨夜寄白④之书,白览毕,竟以予所引余君言来诘,气
焰甚盛。谓予曰:"此语我未尝说,你从何处得来?若是教习说
的,我辞退教习;学生说的,我开除学生。"予告以闻之余君。

---

① 后来胡适对此事的回忆,似与此处有异。《四十自述》云:
"我在西一斋做了班长,不免有时和学校办事人冲突。有一次,为了
班上一位同学被开除的事,我向白先生抗议无效,又写了一封长信去
抗议。白先生是悬牌责备我,记我大过一次。"
② "至"字多余,或漏"于"字而应作"至于"。
③ 该日胡适圈点的名言警句是:"举世无人识,终年独自行。海
中擎日出,天外唤风生。(郑所南)"
④ 指白振民。

白曰："我不曾对余成仁说胡洪骍一个字，可澄^①也。"予询之余君，则谓："此乃我解释白总教之意之语，惟他说不曾对我说君一个字，此则大谬。彼实说君遁辞也。"后二人对质时，白乃改口曰："吾实说你，但无病不病之语耳。"予以为二人既指实，则当无事矣，讵料竟有大不然者。

◎ **四月廿五日**（阳历五月十八日）

【记事】

今日白复悬一牌，使予指实其人，中有"播弄是非、诬蔑师长之咎，应由胡生一人任之"之语，可谓无理取闹。使予而欲播弄之、诬蔑之也，则曷勿陈述于众之前，以与之为难，而乃喋喋以纸笔与之辩难耶？余就答复之。下午，白再悬一牌，尤为无理，中有"胡生能保他日无此等无秩序之事否？若有之，应由何人担其责任？"予以"事之有无，当视学生之程度若何及管理法若何而后可定，若何人担其责任，则当视此事之性质如何而后定也"答复之。

下午五时半，得二兄复予一函（予昨亦函致二兄，略述此事）。盖白乃竟于昨日函致吾兄，痛诋吾，中有"将此不悛，将不能顾私情而妨公益"之语（以白尝与吾兄同学），故吾兄来书深戒

---

① 查日记手稿，此字略模糊，既形似"證"（证），也形似"澄"。就整句话判断，白振民并未提及证据，而"澄"有"使清楚、使明白"之意，随后胡适找余成仁询问及白、余对质，亦为当面澄清事实，故而断为"澄"字。

予，谓"弟所以致此者，皆好名之心为之。天下事，实至名归，无待于求。名之一字，本以励庸人；弟当以圣贤自期，勿自域于庸人也"。末，复使予至白处谢罪。予不欲拂吾兄之意，故第三书与白。书末，略陈悔意。谓此后当辞去各职以谢之也。[①]

【通信·往】

再致白振民（上午）、三致白振民（下午）。

【通信·来】

二兄寄予。

◎ 四月廿六日（阳历五月十九日）[②]

【记事】

予既三复白书，白今日再悬一牌，曰"胡洪骍自陈改悔，姑许其自新。前情姑不追究"云云（此非全文）。呜呼！几许笔墨、几许口舌，直为争一副光耀之面具之价值耳！

二兄复来一书，谆谆以轻妄相戒。

余前固云"辞职"矣，今当践其言。遂作一意见书，报告本斋同学以辞职事。复以二兄戒予之书，遍示同[③]学，顾同学卒不允予之请也。

本斋自治会自有每人记玷之法以后，聚各人之记玷册而计

---

① 此段文字写于"记学"栏，而实为"记事"。

② 该日胡适圈点的名言警句是："人生而不学，与不生同；学而不知道，与不学同；知道而不行，与不知同。（贝原益轩）"

③ 此后文字写于"记学"栏。

之，则得一百二十一玷。噫！是真以玷为儿戏矣。资格不及，虽有良法，将何所用之也。

◎ 四月廿七日（阳历五月二十日）[1]

【记事】

返栈，二兄为余言好名之病，复以朱子《近思录》授予，命予玩味之。谓当择其切于身心处读之，其"太极""无极"等说，可姑置之也。

自治会开会，陈君受昌力驳余辞职之说。陈君善辞令，予非其敌也，乃以"予意已决"答之。惟是日到者仅八人，不及令其重行选举也。

◎ 四月廿八日（阳历五月廿一日）[2]

【记事】

今日体操，教习请假，故第二时无工课。予因请同学举人代予，乃不意予复得大多数，次为郭君。予因以"今日选举，本以求代，若复举予，则又何必举也？"语之。以时迫，不及决而罢。

---

① 该日胡适圈点的名言警句是："天行健，君子以自强不息。（易）"

② 该日胡适圈点的名言警句是："治怒为难，治惧亦难。克己所以治怒，明理所以治惧。（小程子）"

◎ 四月廿九日（阳历五月廿二日）^①

【记学】

予一生大病根有三：（一）好名；（二）卤莽；（三）责人厚。未尝不自知之，每清夜扪心，未尝不念及而欲痛改之。阳明云："未有知而不行者，知而不行，只是未知。"^② 噫！骍也，乃竟欲见呵于子王子欤？

【记事】

得郑仲诚自吴淞来函一。

【通信·来】

郑仲诚寄予。

◎ 闰四月初一日（阳历五月廿三日）^③

【记事】

本校同学组织一运动会，拟于初五日开春季运动会。办事人愤其不早与之谋，故绝不与闻。后学生婉求之白振民先生，乃以洋四元捐为经费云。

---

① 该日胡适圈点的名言警句是："动辄以天下自任，贫子说金，其谁信之？了得吾身，方了得天地万物。自今且当彻髓做去，有一毫病痛，必自照自磨，如拔眼钉，磨炼成，始真可任事。（邹南皋）"

② 出自王阳明的《传习录》。

③ 该日胡适圈点的名言警句是："学惟在力行。说得一丈，不如行得一尺；说得一尺，不如行得一寸。（刘元城）"

◎ **闰四月初二日**（阳历五月廿四日）①

【记事】

旅沪学会章程，予甚不满意。惟连日多事，无暇及此。今者初五日将开第二会矣，不可再缓矣。因于课余作一驳议，寄方守六君及发起诸人。惟一执笔则缕缕不自已，一日之工，不能完也。

◎ **闰四月初三日**（阳历五月廿五日）②

【记学】

寄方守六及学会发起诸人之书成，凡三千言，其中要点如下：

（一）光就学界入手，不羼他界。

（二）各校代表人不可废，且必兼纠察之职。

（三）学界外，各业各举一代表，每次与会旁听。③

（四）纠察有名无实，可废去。其第一项及第二项职任，则归各校代表任之。其第三项职任，则另立一会场纠察任之。

（五）当注意调查。

（六）会计一职当另设，不得由书记兼任。

---

① 该日胡适圈点的名言警句是："所向无空阔，真堪托死生。骁腾有如此，万里可横行。（杜工部）"
② 该日胡适圈点的名言警句是："千古学术，只就一念之微上求。（王龙谿）"
③ 此后文字均写于"记事"栏。

【通信·往】

致方守六君（一）。

◎ **闰四月初四日**（阳历五月廿六日）

【记事】

本校运动会明日开会，予亦其中职员，因为之划定运动圈及警察圈、来宾座之界限，铺设座次，故是日未上课。

◎ **闰四月初五日**（阳历五月廿七日）

【记事】

本校运动会开第一次会，计运动之条目十，运动员三十余，末复以教员学生拔河为余兴。来宾约四百人。是日运动以"大班跳高""撑篙跳高"为最，余亦可观。此次创办伊始，已能如此，闻下半年将开大会，当较此更有可观，可知也。

下午至颐园，以安徽旅沪学会假座于此开第二次会也。是日选举职员，乃仍旧贯。予前所议改之处，均未改正；[①]予寄方君之书，亦未宣布。予大愤。选举时，规矩复紊无序。其尤可笑者，则职员皆由发起人指数人，由全体公决，似乎出于被选者之情愿，乃举定后复有辞职者，则不知何故也。是日计正会长为李经方（伯行，李文忠子），副则方守六也。此次新入会者有四十七人，二兄与程士衔君皆今日入会者也。

----

① 此后文字均写于"记学"栏。

【接人·来】

程士衔

◎ **闰四月初六日（阳历五月廿八日）**

【记事】

作致方君守六函一，询其何以不用吾议。

作致郑仲诚函一，约其于初八日至蕴藻浜待予。以本校以运动会后得三日休息，故予将趁火车至淞，今请其导予一游复旦也。

下午返栈，以致方守六君书与二兄观之，二兄为予①删其太激处，八时乃付邮。

是夜宿栈中，二兄语吾"《新民丛报》六号所载《责任心与名誉心之利害》一篇，足为尔药石，盍取而研究之？"二兄复以《二程粹言》二册授予，令玩味之。

【通信·往】

致吴淞郑璋

致方守六（二）

◎ **闰四月初七日（阳历五月廿九日）**②

【记事】

梅溪学堂前日大起风潮，学生以是开除者二十六人。先是

---

① 此后文字均写于"记学"栏。

② 该日胡适圈点的名言警句是："须知动心最可耻，心至贵也，物至贱也，奈何贵为贱役。（高景逸）"

梅溪学堂多有吸食纸烟者，教习丁某建议大索于学生卧室，检得闵生所藏纸烟极多，因罚闵生，令长跪半日。学生乃大愤。时校内教习多请假者，学生因举代表八人，与校长交涉，谓"丁某非监起居、非总教，何得罚学生？丁某而果总教也，则曷勿请各教习早日上课，而荒弃①吾侪日力何为者？夫吸烟诚为闵生过，然罚跪，野蛮之法也，奈何以加诸学生？今吾侪与丁某势不两立，请逐出丁某"云云。校长以此风不可长，乃议开除八代表人。学生争之，复开除争者。程君士衔亦在其列。闻二十六人中，吾徽人居大多数。今梅溪徽人仅一二人矣。二兄闻将为之调停，不知其结②将何如也。

午后，返校。

◎ **闰四月初八日**（阳历五月三十日）③

【记事】

偕余成仁、卢侠乘火车至吴淞晤郑璋，谈甚久。郑君劝吾下半年权再居澄衷，俟他日觅得好学校，当与吾同学。慎甚恳挚也。君复导予游海滨，至复旦新校址观览移时。地址甚大，

---

① 此后文字均写于"记学"栏。
② 漏"果"字。
③ 该日胡适圈点的名言警句是："精神愈用而愈出，不可因身体素弱，过于保惜；智慧愈苦而愈明，不可因境遇偶拂，遽尔摧沮。（曾文正）"

骤观之，南洋公学不是过也。复旦校规太宽，上课时间① 亦少，非"苦学生"也。四时趁第十次火车返沪。

予乘火车，此为第一次。车中忽得诗四句，录之：

呜呜汽笛鸣，辘辘汽车行；

凭窗试外瞩，一瞬象一新。

虽不成为诗，以写意耳。然则今日又予学作诗之第一次也。一笑。

◎ 闰四月初九日（阳历五月卅一日）②

【记事】

今日上课，适杨师有喉病，故国文科无工课。

看《新民丛报》《责任心与名誉心之利害》篇，心大感动，不自已。是篇立论，注重责任心。因忆昔者拿坡仑与英名将纳耳逊之战于脱拉发加 Trafalgar，英军垂败矣，纳耳逊乃诏其军曰：吾英人当各尽其职守也 England expects every man to do his duty，于是士气复振，遂大败法军法舰队及西班牙之船队，歼焉。噫！"责任心"（duty）权力固如是其大耶！

（按）脱拉发加一译突奈飞尔格。

【通信·往】

致二兄（论举代表事）

---

① 此后文字均写于"记学"栏。
② 该日胡适圈点的名言警句是："枉己者，未有能直人者也。（孟子）"

◎ 闰四月初十日（阳历六月一日）①

【记学】

前日旅沪学会由方守六提议，每县各举代表一人，予甚不表同情，因作书与之辩论此事，其要点如左：

（一）不必举。代表之原理，以团体太大，故公推一二人以代表之。今每县多者不过二十人，少者仅一人（或无之），即以第一会会员而论，其间仅八十六人。若以县分之，则须举四十一代表人；以四十一代表八十余人，则曷若直接与议之为愈也。故不必举也。

（未完）（见卷末"补遗"）

【记事】

集益会开会，予本拟演说，后以时迫不果。然是日予实未能预备，即演说亦不能善美，不如不演②也。

得方君守六来书，谓予所言，实获彼心；惟予不于开会时出席建议，致失事机（方谓章程由会员于第一会改定，其时商界人多，遂占势力，且章程无旋定旋改之理云云）。并约予十二日上午九时至振华一晤。予以十二日以欢送征兵事，九时恐无暇，乃改八时。

【通信·往】

致方守六君（三）

---

① 该日胡适圈点的名言警句是："懈心一生，便是自暴自弃。（小程子）"

② 漏"说"字。

【通信·来】

方守六君复予第一二书

◎ 闰四月十一日（阳历六月二日）[①]

【记事】

上海第一次举行征兵令。惟吾国积习贱视军人，故应征者绝少。识者乃利用人之"名誉心"，行欢迎欢送之礼，以鼓励来者。上海第一批征兵已得六十人。阖邑官绅学子定于明日开欢送征兵大会于学宫，本校与焉。计明日十一时出发矣。

【通信·往】

致方守六君（四）

◎ 闰四月十二日（阳历六月三日）[②]

【记学】

七时半至振华晤方君，谈二时。所谈无足记者。惟方君劝予须学演说，此予颇乐闻之。方君又言，学会拟在沪建一安徽旅学（凡皖人不取学费），窃谓此事颇非今日急务也。予询以"代表"一事究竟如何了之？彼言吾侪亦敷衍耳。呜呼，此等人可与办事耶？

---

　　① 该日胡适圈点的名言警句是："前不见古人，后不见来者，念天地之悠悠，独怆然而涕下。（古诗）"
　　② 该日胡适圈点的名言警句是："自视为无过，过之最大者也。（卡黎尔）"

【记事】

十一时半，同学整队出发（送征兵也），一时至学宫，三时开会，由雷继兴君等演说及征兵父兄勉励之，后由各校学生合唱《征兵》歌已，乃送征兵登舟。各校扬旗，呼"中国万岁""陆军万岁"而散。

【接人·往】

见方守六君

◎ 闰四月十三日（阳历六月四日）[1]

【记事】

各国兵制分二种：一强迫的（conscription），即所谓通国皆兵制也（人人皆须从军，如德、法是）；一情愿的（voluntary enlistment），则海陆军皆以征兵充之（如英国是）。今日之我国征兵令，情愿的也，夫今日而行强迫兵制，固足以致乱，而但知行情愿的征兵令，而不知亟施普及教育，使人人皆知服戎为国民天职，是则不揣本之说也。英行情愿的兵制，而英以兵强加于天下者，以教育普及，人人皆以是为其应尽之义[2]务，故国愈危而应征者愈踊跃，且能死战也。吾国人不此之图，而以"名誉的鼓励"为唯一之手段。呜呼！他日两阵交绥，兵刃既

---

① 该日胡适圈点的名言警句是："仰言攀南斗，翻身依北辰。举头天外望，无我这般人。（陆子）"

② 日记手稿中，此后文字皆写于"记学"栏。

接，生命且不保，尚能顾名誉耶？

◎ **闰四月十四日**（阳历六月五日）①

【记事】

偶读《学记》②至"记问之学，不足以为人师"句，未尝不生大感触。夫本校教员有不藉记问而足为人师者乎，无有也。学堂且开预备室，以使其记问，呜呼，真人师哉？真人师哉？昔二兄言中国文学三十年后将成为绝学，吾始闻而疑之，今观乎今日之为人师者而大惧，惧二兄之言果验也。

◎ **闰四月十五日**（阳历六月六日）③

【记事】

得郑璋书，索予之照片。余年来拍照，皆与友人拍为纪念者，而一人独拍之片，却未曾有，故拟俟秋凉后当寄与之也。

◎ **闰四月十六日**（阳历六月七日）④

【记事】

今日作文，课题为《欢送征兵之感情》，予乃就十三日所记

---

① 该日胡适圈点的名言警句是："听其言也厉，须是有方；某常自验，觉心不在时，语便无力。（谢上蔡）"

② 《学记》为《礼记》中的名篇。

③ 该日胡适圈点的名言警句是："或言人事烦。曰：大凡事只得耐烦做将去，方起厌心便不得。（朱子）"

④ 该日胡适圈点的名言警句是："处事不精，皆由养之不完固。（小程子）"

者立论，盖不思不言者也。

◎ **闰四月十七日**（阳历六月八日）[①]

【记事】

向白振民处取得江苏学会简章一纸，见其完备善美处，直非安徽学会会章所可比拟也。

◎ **闰四月十八日**（阳历六月九日）[②]

◎ **闰四月十九日**（阳历六月十日）

【记事】

自治会开会。予演说"慎独"及"交际之要素"二事。

本校理化研究会开理化比赛会，以与会外人比较一切。是日，堂董、校长俱诣会给奖鼓励，甚盛也。

◎ **闰四月二十日**（阳历六月十一日）[③]

【记事】

放学后，与余君、郭君、张君（锦城）等同诣郊外散步，

---

① 该日胡适圈点的名言警句是："愿得一脉暖，散为天下春；援手水火间，以道拯斯民。（郑所南）"

② 该日无"记学""记事"。胡适圈点的名言警句是："总不使吾之嗜欲，戕害吾之躯命。（曾文正）"

③ 该日胡适圈点的名言警句是："言语无序，亦足以见心之不存。（王阳明）"

共议开一学艺会，定讲演及成绩二门。计本校同学之足以任此者，当不下十余人。使果开办，未必落人后也。

◎ 闰四月廿一日（阳历六月十二日）①

【记事】

风闻有六月初十日放暑假之说，金大诧，以为六月初十，则酷暑已过，安用假为？果尔，则吾侪必不欲放假，但请教习照常上课可矣。后闻洋文教习欲早日暑假，遂改早十四日，众始释然。

◎ 闰四月廿二日（阳历六月十三日）②

【记事】

郭君以"开学艺会"之意告之白振民，白不可，谓可俟下学期再举行，此学期不及矣云云，议遂罢。盖吾西一斋所建白之言，在办事人视之，殊无可听之价值也。

◎ 闰四月廿三日（阳历六月十四日）③

---

① 该日胡适圈点的名言警句是："万壑树参天，千山响杜鹃。山中一半雨，树杪百重泉。（王摩诘）"

② 该日胡适圈点的名言警句是："小人之学也，入乎耳，出乎口；口耳之间，则四寸耳，曷足以美七尺之躯哉。（荀子）"

③ 该日无"记学""记事"。胡适圈点的名言警句是："黄河从西来，窈窕入远山。凭崖览八极，目尽长空闲。（李太白）"

◎闰四月廿四日（阳历六月十五日）[①]

【记事】

宝山县学堂于廿六日开春季游艺会，杨师得有"观览券"一纸，谓本校同学将来必有游艺之举，不可不借镜他校，因命本斋同学公举一人，以此券往调查一切。后选举得予与郭君二人，乃请杨师作一介绍书与余，以券祗一张也。

◎闰四月廿六日（阳历六月十七日）

【记事】

晨五时起，盥漱毕，瞥见寄宿舍后门大辟，门外有箱四只，中皆空，惟书籍遗弃遍地。盖夜来贼撬门入所窃去也。急呼佣役起视，知箱为俞庆尧物，在予卧室楼下，而贼所从入处，则在寄宿所东北隅短垣上也。[②]

五时半偕郭君动身，六时半至车站，七时火车开行，七时半至吴淞，八时一刻至宝山，九时游艺会开会。至下午五时散会始归。所调查见所著《宝山县学堂春季游艺会记》。是日承招待员沈商善先生招待周至，午时留膳，归则代为雇车，情极可感也。（杨师介绍书，即与沈先生者）

---

① 该日胡适圈点的名言警句是："人到生死不乱，方是得手。居常当归并精神一路，毋令漏泄。（邹南皋）"
② 以下文字均写于"记学"栏。

◎ 闰四月廿七日（阳历六月十八日）

【记事】

作《宝山县学堂游艺会记》，惟无暇不克竣事。

又，昨日归途，遇一奇怪之社会现状，亦拟以小说体记之。顾以无暇，故不遑也。

◎ 闰四月廿八日（阳历六月十九日）①

【记事】

今日又以绘地图，故不暇作《游艺会记》。

◎ 闰四月廿九日（阳历六月二十日）②

◎ 闰四月三十日（阳历六月廿一日）③

【记事】

今日余以作文工课二小时之力，作《游艺会记》，犹未能成。余作文极缓，至少亦须二小时，然亦仅成数百字耳。可愧!

---

① 该日胡适圈点的名言警句是:"磨磐细一番乃见得一番，前日不认得是过处，今日却认得是过。（蒋道林）"

② 该日无"记学""记事"。胡适圈点的名言警句是:"行尔所能，死尔所职。（蒋道林）"

③ 该日胡适圈点的名言警句是:"静后见万物，自然皆有春意。（大程子）"

◎ **五月初一日**（阳历六月廿二日）^①

◎ **五月初九日**（阳历六月卅日）

【记学】

下午，往观震旦学院游艺会。会无他工课，惟演剧耳（剧中曲调及装饰均效法国）。登场诸生皆装饰如细崽，谈话唱歌，皆油滑之极。震旦教士所设，震旦即自此退出者。噫，吾观于震旦，而知外人之教育！^②

会未毕，余即归，以是日中学生约同拍一照故也。是日共拍二照：一中学同学，一西一自治会也。

◎ **五月初十日**（阳历七月一日）

【记事】

上午，张君（美品）、张君（锦城）、郭君（传治）、余君（成仁）、孔君（仁卿）、赵君（寿铭）及予七人，同诣耀华照相室合拍一照。六人者，皆同学中之最相契者也。

下午，拟绘一德意志图。天热甚，方执笔而汗珠已滋滋从毛孔中出，故未蒇^③事而罢。

---

① 该日无"记学""记事"。胡适圈点的名言警句是："世界无穷愿无尽，海天廖廓立多时。（时人）"

② 以下文字均写于"记事"栏。

③ "蒇"，即完成、解决的意思。

◎ 五月廿五日（阳历七月十六日）

【记事】

今日暑假，谒圣后，学生皆出校矣。忽见一牌示谓"余成仁既自命太高，应听其别择相当者入之，下学期毋庸来校"（节录）云云。盖昨日事之结果也。成仁往询其"自命太高"之语何所见而云然？白振民曰"即使汝不如此，则作为我恭维汝之语可也"云云。噫，昨日[1]

◎ 五月廿六日（阳历七月十七日）

【记事】

治行装，余书三十余部，箧满不能载，因寄存校中。

下午三时回栈，四时抵瑞兴店，交卸行李讫，即至棋盘街购《初级英文范》及 *English Grammar Book II*[2] 二书，张君（美品）所托也。

◎ 五月廿七日（阳历七月十八日）

【记事】

今日为西成小学堂（姚孟晖等所建设）游艺会会期，余承惠入场券一纸，惟以些小不如意事，遂不能往。

作函致郭君及朱君。

---

[1] 未记完，日记手稿如此。

[2] 《英文语法》第二册。

【通信·往】

致朱成杰、致郭传治

◎ **五月廿八日**（阳历七月十九日）[1]

【记事】

此次吾家失火，二兄损失独多，衣服（除穿在身上之衣裤外）、书籍（除余已带往校中各书外）尽付一烬。余拟从瓦砾堆中寻出些须烬余之书，从今日起即动手也。

【接人·来】

虞裳来，过我询余往政法讲习会否，辞之。

◎ **五月廿九日**（阳历七月二十日）

【记事】

汪宝开兄（同乡也）新自里中来，过我谈里中近事，其风俗之败坏、道德之堕落，较之三年前直又大加进步矣。可叹也。

又为余言，近仁族叔（余在家时至友也）不得意于家庭，惟授徒糊口。拟作一书致之。

◎ **六月初一日**（阳历七月廿一日）

【记事】

月来以事忙，不暇治他事，日记已一月余未记矣。无恒之

---

① 该日胡适圈点的名言警句是："君子耻其言而过其行。（孔子）"

过，其深如渊！虽脑中尚依稀可忆，然只存大略矣。

追记日记。

【通信·往】

致郑仲诚

◎ 六月初二日（阳历七月廿二日）

【记事】

《新闻报》所载之《眼中留影》小说①，余看至廿六日②为止，以下以栈中不定③此报，故未能看，因至汪美春借来一观，以救此小说癖也。

---

① 1906年4月24日（四月初一日），《新闻报》"刊载'阅本报者注意'：'本报自即日起，于第二张新闻后特增小说一门，以饷阅者。现在所载为《眼中留影》，系英国新出侦探小说。其中如警察之颟顸，凶党之险诈，佳人之胆识，侦探之神奇，无不穷形极相，变幻万端。阅者祈注意焉。'此广告又见于闰四月初九日、闰四月十八日该报。开始连载《眼中留影》，至本年八月十七日，标'侦探小说'，译者不详"。（陈大康：《晚清〈新闻报〉与小说相关编年》，梅新林、黄霖、胡明等主编《中国文学古今演变研究论集三编》，上海古籍出版社2010年版，第1003页。）《新闻报》连载翻译小说《眼中留影》，"当时新文化运动还没有爆发，作为该报的第一篇译文，译者并没有采取相对保险的文言，反而使用了白话文作为主体语言"，并且"出现相当数量的粤语词汇"。（李波：《翻译中的"我手写我口"——以20世纪初上海〈新闻报〉连载的翻译小说〈眼中留影〉为例》，《东方翻译》2019年第1期）

② "廿六日"指农历五月廿六日（阳历七月十七日）。

③ 应为订。

◎ 六月初三日（阳历七月廿三日）

【记事】

作函致余成仁，询近况如何。

【通信·往】

致余成仁

◎ 六月初四日（阳历七月廿四日）

【记事】

作《马车御者》一篇，用小说体，即闰四月二十七日所记之"奇怪社会现状"也。

得余君自常[1]来函一，述近况，甚进退维谷也。

【通信·来】

余成仁

◎ 六月初五日（阳历七月廿五日）

【记事】

程君士衔所读之 *Carpenter's Geographical Reader*[2] 一书，乃卡氏周游世界时记行之书，甚详尽，且文理亦浅显，因拟与程君合译之。

阅《弟子箴言》。

---

[1]　"常"疑指常州。
[2]　卡彭特的《地理读本》。

◎ 六月初六日（阳历七月廿六日）

【记事】

检残书，得书七十余部，牌帖十余幅。

（二）丙午年学界用自治日记补遗 ①

◎ 闰四月八日

闰四月八日记

自澄衷至淞沪铁路车站图 ②

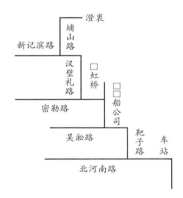

---

① 胡适当年所购买的日记本是印制的，包括"丙午年学界用自治日记"和"丙午年学界用自治日记补遗"两部分，凡是前者写满后仍有剩余的文字，可转至后者继续写。故而，"丙午年学界用自治日记补遗"第一页右下印有文字："此为预备每日记事记学栏中或经写满即移写于此所以补其不足也。"

② 此图为胡适自绘。

◎ 闰四月十日（续）

（二）不能举。代表必深悉选举者之利害，今商学界不分，则利害不同，趋向异宜。苟一县之人二界皆有之，则将举学界之人乎？抑举商界之人乎？故不能举。

（三）当用二界分举法。

（甲）学界，各校分举（性质稍异）。

（乙）商界，各业分举。

淞沪火车开行时刻表 [1]

自	至	开时		班	至时	
		点	分		点	分
吴淞	上海	八	四十	三	九	九
上海	吴淞	八		二	八	二九
吴淞	上海	十二	四十	九	一	九
上海	吴淞	十二		八	十二	二九
上海	吴淞	一	二十	十	一	四九
吴淞	上海	二		十一	二	二九

丹麦统计表

面积　本部　15300 方哩

非罗
冰岛 } 900000 方哩

----

① 此表为胡适自制。

课程表 ①

时\星期	第一	第二	第三	第四	第五	第六	第七
一	算术	体操	伦理	历史	英文读本	英文文法	图画
二	算术	读文	地里	历史	英文读本	英文地里	英文默书
三	算术	体操	物理	习字	唱歌	英文历史	英文作句
四	算术	作文	作文	历史	英文文法	英文默书	图画
五	算术	体操	地里	历史	英文读本	英文地里	英文演说
六	算术	读文	物理	历史	英文历史	英文作文	英文作文

会计籍															
月	日	种类	收入						支出						姓名
			千	百	十	元	角	分	千	百	十	元	角	分	
正月	十九	自栈支来			6	5	3								
	廿七	学费									6	4			
	廿九	还越君										1			

————

① 这是胡适自制的澄衷学堂课程表。

友人住所录

姓名	住　　所
郭传治	上海西门内西仓桥杨家坊场
张锦城	英大马路高阳里内福昌洋货号
赵　铸	泰兴银定巷
孔仁卿	上海法界洋泾浜恒泰东洋汇票字号
张美品	浙江台州宁海南乡海游
杨锡仁	苏州娄门东麒麟巷
朱成杰	虹口西华德路谦吉里（461）
陆树勋	
葛文庆	
陈锺英	
余成仁	常州局前街迎春桥鹤园街陆第
赵敬成	常州新街仁里豫顺里三通考辑要公司
陈受昌	二白大桥北块可炽
孙颂臣	上海南市老马路三泰码头南首淮海里

二

胡适早年未刊日记

1939 年 4 月，胡适留学时期的日记和札记，以《藏晖室札记》为书名，由上海亚东图书馆出版，共 17 卷 4 大册。1947 年 11 月，上海商务印书馆重出了此书的校订本，胡适亲自将书名改定为《胡适留学日记》。1959 年 3 月，台北商务印书馆又三版了《胡适留学日记》。此后出版的《胡适留学日记》，不外乎依据这三种版本（这三种版本及依据其出版的《胡适留学日记》，以下统称《胡适留学日记》）。1990 年 5—12 月，台北远流出版公司影印出版《胡适的日记》（手稿本）18 册。由于这套日记的底本是江冬秀依据胡适日记手稿拍照的底片而影印，又仅限港台地区及海外发行，流传十分有限，中国大陆学者鲜有人知。

2013 年，随着胡适留学日记手稿重现于世，人们发现，《胡适留学日记》所收并非全部的胡适日记。经核查，胡适留学日记的手稿，共有 18 册，全部竖行写在开本统一的长方形康奈尔大学学生笔记本上，除了《北京杂记（一）》和《归娶记》的开头部分为毛笔书写外，其余绝大部分都用钢笔书写。《北京杂记》《第十六册札记》《归娶记》等均在《胡适留学日记》中被删掉。而胡适 1917 年归国后所写的《北京杂记》和《归娶记》，填补了现存胡适日记中两年空白，被学者陈子善誉为"21 世纪最重要的胡适文献发现"①。2015 年，《胡适留学日记（手稿本）》

---

① 《百年珍贵原稿集结现身——陈独秀、胡适重要文献特展》，搜狐网，https://www.sohu.com/a/417521506_99918863?sec=wd。

（以下简称手稿本）由上海人民出版社影印出版，共18册，具体分册情况如下：1.《藏晖札记一》；2.《藏晖札记二》；3.《藏晖札记三》；4.《藏晖札记四》；5.《藏晖札记五》；6.《藏晖札记六》；7.《藏晖札记七》；8.《藏晖札记八》；9.《胡适札记》第九册；10.《胡适札记》第十册；11.《胡适札记》第十一册；12.《胡适札记》第十二册；13.《胡适札记》第十三册；14.《胡适札记》第十四册；15.《胡适札记》第十五册；16.《胡适札记》第十七册改为第十六册；17.《胡适札记》第十六册改为第十七册；18.《藏晖日记 留学康南耳之第三年》。

手稿本系彩色影印，共18册，售价不菲，且仅印200套，一般人很难见到。①鉴于此，本编依据手稿本，辑录胡适早年未刊日记②。之所以题为"胡适早年未刊日记"而非"《胡适留学日记》未刊日记"，是因为，《胡适留学日记》收录的是胡适在美国留学时期（1910—1917）的日记和杂记，故而其不收1917年归国后日记，而《北京杂记》和《归娶记》系归国后所写，并不属于"留学日记"，但它们都属于胡适早年未刊日记。

---

① 2020年10月16日，《胡适留学日记》手稿在北京华艺国际首拍，以1.3915亿元人民币成交。

② 《胡适留学日记》未收录的手稿本中诗词，已另作整理并待出版。

（一）留学时期零散日记 ①

1911 年

10 月 26 日 ②

【按】"夜观萧氏名剧 *Hamlet*"的感想，《胡适留学日记》云"凡读萧氏书，几无不读此剧者"，手稿作"凡读萧氏书，几无有不读此剧者"。《胡适留学日记》引用剧中名句后云："此种名句，今人人皆能道之，已成谚语矣。"而手稿则作："此种名句，今人人皆能道之，已成俚谚矣。"

1913 年

10 月 12 日

第一次经课（Bible–study）Prof.Mason 为主讲。③

……④

吾近所作日记，似太长，恐不能长久。

---

　　① 　本节参考了林建刚《胡适留学日记手稿的思想价值与历史价值》一文。

　　② 　手稿中标注为"九月五日"，此时胡适日记尚采用农历记事，相应的公历时间是 1911 年 10 月 26 日。

　　③ 　此为胡适第一次上"《圣经》研究"课程的日记，说明此时胡适不仅对基督教有兴趣，还选修了相关课程。

　　④ 　此处略去的文字为《胡适留学日记》原文。

10 月 24 日

方士之方，作艺术解，如方士方技是也。

11 月 11 日

有 G. I. Mager 者，居 26 Lincoln Ave., Cortland, N. Y. 新游中国归，于北京喇嘛庙中得一铜器，似簋而仅有一耳，上有六字。其人以为必汉文也，寄令余译之。余审其书，非篆非隶，亦不类满文，不能识也。钞其字如下，待博雅之君子。

1914 年

1 月 28 日

【按】胡适从《金山中国少年报》中剪贴了但懋辛①的一些资料，详如下（原文仅标句读，以下改为新式标点）：

革党但懋辛，自首下狱，经将供词录登前报。兹查得但懋辛乃四川学使赵熙及门弟子，自此次入狱后，曾致书其同乡，请代购归方史一部，康熙字典一部，钱注杜诗一部，诗韵一部，手风琴一具，琴谱一部，以供狱中消遣，并欲求介绍一有旧学根底，随时入狱，为之讲授经史，又欲在狱中延人教授英文。书末并誊诗四章，其诗云：

久在樊笼返自然，怨尤原不负人天。愁多夜永知难寐，轮

---

① 但懋辛（1884—1965），字怒刚，四川省荣县人，中国同盟会早期会员，工诗文，通易理，善书法，有《但懋辛诗稿》存世。

转钟声岂易眠。盖代雄风随逝水，到头青骨委荒烟。相知年少谁忠厚，意气倾人命倒悬。

最难消遣奈何天，绝意离情亦梦仙。世上浮名如石火，人间何处不桑田。茫茫沧海填精卫，寂寂香山哭杜鹃。九十春光归去也，悠悠聊度日如年。

万感茫茫不自持，夕阳西下角声悲。

那堪九死一生地，又值花残月缺时。蜃市楼台烟隐隐，海天风雨草离离。思乡有梦凭谁寄，夜半挑灯读古诗。

不到无聊亦自宽，黄虞淹没我何安。生惭故旧皆新鬼，死怨人文太野蛮。志道还须齐圣域，没才深愧腐儒餐。伤心万国成争鹿，四顾苍茫一浩叹。

【按】胡适在这则剪报旁边写下了如下札记：

此四诗与下列一词，怒刚之手迹之在吾所者，尽于是矣。狱中四诗为《金山少年中国报》所载，不知果为怒刚之作否？诗殊泛泛，无警策语，乃有颓唐之气，何也？

词为水调歌头一阕。庚戌①之春，林君墨将归蜀，以一扇属题一词，余作此词以送之。今一字都不复记忆矣。怒刚和词，适置皮夹中，六月北上、七月南归，此词都在身旁，故得存，

---

① 指 1910 年。

系天幸耳。①

尔时适汪精卫、黄复生两君以谋刺载沣，案发被捕。怒刚本与两君同居，后独来沪有所谋，故独不及祸，然其心未尝一日释然，故其辞甚哀也。又君有祖母老矣，有妇独处，君八九年未归矣，故有"多少负心事，慷慨且歔欷"云云。怒刚后遂南之粤有所图，故有"自兹收拾佳地，不与故人知"云云。"若有个人偷嫁，我定携来伴汝"者，余时有游蜀之念而未决也。②

廿八日记此，掷笔永叹。

2月

【按】在《美国有色人种之大官》中有一则札记曰：

星期报纸图画栏中有黑人贝克纳（G.E.Buckner），今为美国驻 Liberia 公使；又有美洲土人派克（Parker），今为财政部收

---

① 1906年但懋辛由日本回国，入上海中国公学学习，1908年去日本，1909年6月回国后在中国公学任教（《但懋辛简历》，中国人民政治协商会议四川省荣县委员会文史资料研究委员会编《荣县文史资料选辑》第4辑，第31页），与在中国公学学习的胡适相识，故而有此和词之举。

② 胡适此处所引但懋辛之词，都不见于《胡适留学日记手稿本》。笔者认为，胡适从《金山中国少年报》中剪贴的但懋辛材料原为两则，第一则即关于但懋辛事迹介绍和四首诗及词的上阕，第二则是胡适所引用了几句的词的下阕，可惜第二则剪报后来脱落遗失。这一推断的理由有三：一是胡适在札记中说"词为水调歌头一阕"，而水调歌头分为上下阕，第一则剪报仅录上阕；二是胡适所引用的几句词，都不是出自第一则剪报；三是胡适的这一段札记写在另一页的下半页，上半页完全空白，而空白处右下角有明显的粘贴痕迹。

发主任：皆为此二种人中之居高位者。

【按】在《胡适留学日记》里，这则札记到此为止。查胡适日记手稿，这则札记后面贴有这两人的照片，照片旁边，承接这则札记，胡适还有几句话：

此二人，一为美洲土人，一为黑人，今皆至高位。美之共和精神，于此可窥一斑。

5月15日

【按】《胡适留学日记》里有《但论国界，不论是非》这一则札记。在这则札记中，胡适写道：

自美墨交衅以来，本城之"Ithaca Journal"揭一名言："吾国乎，吾愿其永永正直而是也，然曲耶，直耶，是耶，非耶，终为吾国耳"（My country——may it ever be right，but right or wrong，my country）。意言但论国界，不论是非也。

【按】查胡适日记手稿本，可以发现，后面还有几句话，被胡适刻意用红笔画掉了。这段话是：

此言在十九世纪国家主义大张之时尚值一听。今当此二十世纪，大同主义大张之时，则此语但可以耸动愚蠢之民耳，有识者嗤之以鼻。

7月7日

余之网球拍坏，持往修之。偶与店主Dick Lorch闲谈。其人告我曰，吾于去年中，凡修治球拍四百余。余曰，此可见君最得此间学生之欢心也。其人曰，吾亦无他术，但能和气待人耳。吾之和气待人，不费我一文大钱，又何乐而不为哉？"It doesn't cost you a damn cent to be agreeable."此言是也，以其为经商要诀，故记之，七日。

此册起民国三年三月二十日，终七月七日。

适之

7月8日

【按】《胡适留学日记》云："作一书寄冬秀，勉以多读书识字。前吾母书来，言冬秀已不缠足，故此书劝以在家乡提倡放足，为一乡除此恶俗。"而手稿则为：

作一书寄冬秀，勉以多读书识字。前吾母书来，言冬秀已不缠足，故此书勉以继续放足，略谓冬秀为胡适之之妇，不可不为一乡首创，除此恶俗，望毅然行之，勿恤人言也。

某月22日 ①

CORNELL UNIVERSITY

FOUR HUNDRED AND FORTY–SECOND

---

① 此出自胡适留学日记手稿，其中英文部分载于《哥伦比亚大学》报纸（系剪报），其标题为"SEEPAN AIR"，作者署名"Old Chinese"，疑出自胡适，译文如下：

这首曲子已有500多年的历史了。它在所有中国本土乐器中最常见的一种，即笛子。这是一种竹子做的器乐，据说有着悦耳的音调。"Seepan"一词的意思是西方，可能指的是最初来自中国地区的空气。它是用现代记谱法写成的，由赵元任先生谱调。值得注意的是，它建立在本土五声音阶上。

胡适在其下用汉字作注。

Organ Rerital in Sage Chapel

Friday, stay thr Umrnty–grrumtd

1914

SEEPAN AIR   Old Chinese

This melody is over five hundred years old. It is played on the most common of all the native Chinese instruments, the Ti–T zu. This is a bamboo finte, and is said to posses a pleasing tone. The word "Seepan" means western and probably refers to the section of China from which the air originally came. It was written in modern notation and harmonized by Mr.Yuen R.Chao. It will be noted that it is built on the native pentatonic scale.

赵君元任谱笛调一曲，以西乐谐声和之。大学琴师极称之为奏于风琴之上。余往听之，犹清越似笛声也。

二十二日

1915 年

8 月 9 日

文字符号

一曰住。（。）

二曰豆，（、）

三曰分；（◎）后改用（△）

四曰冒：（：）

五曰问？（？）

六曰诧！（！）

七曰括（）（）

八曰引＇＇""「」『』

九曰不尽……

十曰线＿

十一曰破（——）使长 ①

自此册为始。

1916 年

1 月 19 日 ②

去夏，桑福君（Raymond P.Sanford）为瘦琴女士造此影。今夜桑福君自新英伦将返绮色佳，道出纽约，访余于宿舍，出此为赠。桑福君系瘦琴女士之友也。

---

① 关于此文字符号，胡适在 1915 年 8 月 20 日的日记中有记叙："前记文字符号共得十种，今得第十一种，名之曰'破'，以示音声之变。"（曹伯言整理：《胡适日记全编》第 2 册，安徽教育出版社 2001 年版，第 577 页。）

② 1914 年 7 月 21 日，胡适在日记中粘贴了胡适与友人的合影照片，并指出此照片是胡适女性友人瘦琴所摄，后来《胡适留学日记》出版时此照和照片旁边的日记均被删掉。

1917 年

1 月 24 日

此诙谐诗三篇[1]，皆论此邦之教育情形，皆有深意可供省览，故记之。

John Erskine 为吾校英文教员，James Harvey Robinson 为吾校历史教员，二人皆负重望。其第三诗之作者不知为谁也。

1 月 25 日

江上还飞雪，西山雾未开。浮冰三百亩[2]，载雪下江来。[3]

廿五日

亩字杏佛[4]所改，极好。丈尺皆长度，亩乃面积之度也。

3 月 11 日

《满庭芳·和陈女士[5]寒日词韵》（去年十一月八日作）

---

① 见该日手稿本剪报。

② 据手稿本，胡适原诗为"浮冰三百丈"，杨杏佛建议改"丈"为"亩"，故而圈去"丈"，用红笔改为"亩"。

③ 此为胡适一首佚诗。

④ 即杨杏佛（1893—1933），名铨，字宏甫，号杏佛，江西清江县（今江西省樟树市）人。1912 年赴美国留学，先后入康奈尔大学、哈佛大学，攻读机械工程学、工商管理学等。其时与胡适同为康奈尔大学校友。

⑤ 即陈衡哲（1890—1976），笔名莎菲（Sophia H.Z.Chen），祖籍湖南衡山。1914 年，陈衡哲考取清华留美学额后赴美，先后在美国瓦萨学院（Vassar College）、芝加哥大学学习西洋史和西洋文学，分获学士、硕士学位。胡适与陈衡哲相识于 1916 年 10 月，此后书信往来频繁。

删《尝试集》时，删去此词。① 昨检视所删诗词，独此词未有存稿。以其下半颇能得白话词之本色，故迟记之。

试问江头，"聪明冰雪"，究因何事多愁。究因何事"怅怨"对寒流。岂为平和梦断，到如今血污三洲。（女士持世界平和主义者也。）莫非是，潇湘烟雨，归梦上归舟。

凝眸何所见，无枝不秃，何地非秋。有赫贞画舫，时过江楼。欲倩他传一信，这回不是钓诗钩，是我的新词一首，劝你莫"含忧"。

3月21日

怀君武先生

八年不见马君武②，

见时蓄须犹未黑。

自言归去作工人，

今在京城当政客③。

看报作此。

六年三月廿一日

---

① 《胡适留学日记》删去此词。

② 此语不实。1916年5月30日，马君武从欧洲回国，途经纽约，与胡适相见，查胡适1916年6月9日的日记，有"适与先生别九年矣""相见甚欢""先生留此五日，聚谈之时甚多"之语。

③ 此论有误。1917年，马君武参加孙中山领导的护法运动，先后担任大元帅府秘书、护法军政府交通总长，并兼任广州石井兵工厂无烟火药厂总工程师，而并未"在京城当政客"。

5 月 31 日 ①

同月七日 ② 与叔永去普济布施村访陈衡哲女士。吾于去年十月始与女士通信，五月以还，论文学之书以及游戏酬答之片，盖不下四十余件，在不曾见面之朋友中，亦可谓不常见者也。此次叔永邀余同往访女士，始得见之，亦了一件心愿耳。③

7 月 5 日 ④

四月初七日 ⑤，与叔永同访陈衡哲女士时所造影二种。第一张叔永所照，第二张陈女士所照。⑥

7 月上旬

天风入吾国，为我花间住。珍重谢天风，吹花上天去。⑦

---

① 手稿本标注"十一日"，即四月十一日（5 月 31 日）。

② 应指四月初七日（1917 年 5 月 27 日），这是胡适与陈衡哲第一次见面的日期。

③ "始得见之"之后的"亦了一件心愿耳"，在《胡适留学日记》中被删去。

④ 手稿本标注"五月十七"，倘若此为公历 5 月 17 日，则不可能记叙十天后（"四月初七日"即 5 月 27 日）拍照之事。因此，只能是农历五月十七日（7 月 5 日）。像这样混用公历和农历日期，在胡适日记中并非个别现象。

⑤ 公历 1917 年 5 月 27 日。

⑥ 据胡适留学日记手稿，第一张照片是胡适与陈衡哲初见时的合影，第二张照片是胡适与任鸿隽合影。这段文字，连带这两张照片，都被胡适在编《胡适留学日记》时删除。

⑦ 在手稿本中，此诗被胡适用蓝色线条圈起来。

7月13日

【按】该日札记后来题为《觐庄对余新文学主张之非难》，被反复引录。依据《胡适留学日记（手稿本）》校勘《觐庄对余新文学主张之非难》，有几处文字删减。如，《觐庄对余新文学主张之非难》有云：

觐庄大攻此说，以为 utilitarian（功利主义），又以为偷得 Tolstoy（托尔斯泰）之绪余。

【按】此句在手稿本为：

觐庄大攻此说，以为"utilitarian"。又以为吾偷得 Tolstoy 之绪余。

【按】此外，文末还删除以下几句：

偶问郑莱①君梅觐庄如何。君曰：rather impulsive but not quite logical。②吾以为知人知言。

11月9日

此黄克强家书真迹，世界家书之短无过于是者矣。黄元帅本湘中名士，书作苏体，甚娟秀。所用印乃"灭此朝食"四字，

---

① 郑莱，字蓬，广东中山人。早年留学美国。历任香港中国银行襄理，国民政府财政部煤油特税处处长、卷烟煤油税处处长，江苏煤油特税局局长。1929年10月14日任中央银行理事，次年2月17日任财政部公债司长。1935年6月6日任财政部关税署署长。1944年9月2日转任财政部参事，1946年12月21日去职。[刘国铭主编：《中国国民党百年人物全书》（下），团结出版社2005年版，第1436页。]

② 中译为：冲动有余而逻辑不足。

气概可想。

【按】此札记有令人读来不甚明了之处，若是与 1916 年 11 月 9 日所作诗《黄克强将军哀辞》对照，则可释然。此诗如下：

黄克强（兴）将军前日逝世，叔永有诗挽之。余亦有作。

当年曾见将军之家书，

字迹飞动似大苏。

书中之言竟何如？

"一欧吾儿，努力杀贼"——

八个大字，

读之使人感慨奋发而爱国。

呜呼将军，何可多得！

【按】对照之下，可知：一，因黄兴此家书仅八个字，故而札记称其"世界家书之短无过于是者矣"；二，黄兴鼓励儿子黄一欧"努力杀贼"，"读之使人感慨奋发而爱国"，同理，观黄兴用印"灭此朝食"，"气概可想"。

（二）第十六册札记 [①]

1917 年

7 月

16 日

嚼筋

孙诒让《札迻》（光绪廿年板）卷七页十七、八云（《淮南子·主术训》）聋者可令嚼筋而不可使有闻也。王念孙云"嚼筋未详。《易林》：蒙之离亦云"抱关传言，聋跛捶筋。"案……嚼当为嚼之讹。嚼俗作（《广雅·释言》云，"茹也。咀，也。"《玉篇》口部云"同嚼"），与嚼形近而误。《易林》展转传写又误作捶，益不可通矣。《考工记》弓人云："筋欲敝之。"敝注郑司农云："嚼之当孰。"贾疏云："筋之椎打嚼欲得劳敝。"是嚼筋为汉时常语，即谓椎打之使柔熟以缠弓弩也。

适按：吾徽至今尚有"嚼弓筋"之语，言哓哓多口而无当也。亦云"瞎嚼筋"。此盖即《淮南子》与《易林》"嚼筋"之义。

六年七月十六日

（在上海新旅社）

[①] 该册日记为长方形 Webster Student's & Note Book，封面用毛笔书写"胡适杂记 第十七册改为第十六册"。此节辑录内容参考收藏家梁勤峰先生的整理稿，特致谢忱。

1917 年

8 月

1 日

张九成《论语绝句》

在近仁处见南汇吴省兰所辑《艺海珠尘》（八集）。其中（系集）有宋张九成之"论语绝句"一百首。皆白话诗也。

张九成，字子韶，宋绍兴二年进士第一人。历宗正少卿，谪南安军。起知温州。丐初，卒，谥文忠。

此百首诗为题所限，颇多迂腐之语。然实专意作白话诗之第一人。其诗亦间有佳者。今录数章于此。

吾不复梦见周公

> 向也于公隔一重，寻思常在梦魂中。于今已是心相识，尔自西行我自东。
>
> 子见南子，子路不悦。[①]
>
> 未识机锋莫浪猜，行藏吾只许颜回。苟能用我吾何慊，不惜因渠也一来。

适按：辛稼轩词云"长忆商山，当年四老，尘埃也走咸阳道。为谁书到便幡然，至今此意无人晓"[②]。此诗意同而不及辛词之含蓄。

---

① 出自《论语》，原文为："子见南子，子路不说，夫子矢之曰：'予所否者，天厌之！天厌之！'"

② 出自辛弃疾《踏莎行·和赵国兴知路录》一词下阕。

必也狂狷乎

狂狷虽云执一偏，一偏所执尚能坚。不然欲与中行士，往往其中亦未全。

辞达而已矣

扬雄苦作艰深语，曹操空嗟幼妇词。晚悟师言达而已，不须此外更支离。

此一首可作全书之题词。

八月一日（在里中^①）

26 日

道地

俗话称货物真确可靠者曰"道地"。各地药店招牌多书"川广道地药材"。故吾前作诗曾云：

请问朱与杨，什么叫白话。货色不道地，招牌莫乱挂。

实则吾亦不解"道地"两字作何解。顷见宋严羽答吴景仙书，中有云"世之技艺犹各有家数，市缣帛者必分道地"^②，然后知优劣。况文章乎。

详玩此节，似古者中国区域分道。办货者亦依"道地"分别货色之高下。如今言"万载夏布""常熟米"是也。其后道制废而"道地"之称犹存，遂不易解矣。

八月廿六日

---

① "里中"即家中。
② 出自严羽《沧浪诗话·附答吴景仙书》。

（三）北京杂记 [①]

第十六册仅记三四页，来京时此册在行箧中，为运送者所误，久而不至。故别记第十七册。

——适

1917 年

9 月

11 日

与钱玄同先生谈 [②]。先生专治声音训诂之学。其论章太炎先生之《国故论衡》甚当。其言音韵之学，多足补太炎先生所不及。其论入声，以广州音为据，谓凡阳声之字，以 m 收者入声以 p 收。以 n 收者入声以 t 收。以 ng 收者入声以 k 收。

例如：覃韵之字入声如"合"，粤音为 Hap。真韵之字入声如"逸"，粤音为 Yat。阳韵之字入声如"灼"，粤音为 Sek。

此论为前人所未发，王、孔、章皆不明此义也。

民国六年九月十一日（北京）

[①]　此节辑录内容参考收藏家梁勤峰先生的整理稿，特致谢忱。

[②]　依据日记中对钱玄同的介绍及称钱玄同为"先生"，而之后的日记均称"玄同"，再查胡适与钱玄同往来书信，都自此之后开始，故而断定，该日系胡适与钱玄同首次见面。

12 日

再记"鉥"字。

吾前为刘田海^①先生作《鉥字说》。今在里中见吴大澂之《字说》，亦有《鉥字说》。其说"鉥"为古"玺"字。其言甚辩，远甚吾所作。吾既录其全文以寄刘先生矣，又自记于此以备遗忘。

十二日

白话词

如梦令

一

他把门儿深掩，不肯出来相见。难道不关情，怕是因情生怨。休怨，休怨，他日凭君发遣。

二

几次曾看小像，几次传书来往。见见又何妨。休做女孩儿相。凝想，凝想，想是这般模样。

芜湖路上作此，盖颇受石鹤舫先生词之影响也。

九月十二晨补记

---

① 《胡适留学日记》1916 年 4 月 5 日云："顷遇一刘田海君，字瀛东，其人为刘锡鸿星使之子，足迹遍天下，搜集东西古籍甚富，专治历史的地理学颇精，其治学方术近予西洋之 Sinologue。"（谢军、钟楚楚编：《胡适留学日记》，海南出版社 1994 年版，第 564 页。）

16 日

读沈恩孚所编《国文自修书辑要》①。中有江易园②先生（谦）之《说音》一篇。其书集合前人之说以为简明之通则，甚便学者。吾喜其书，故节抄之于下。

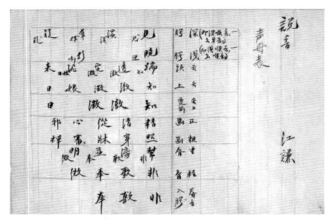

说音（节抄）

（四）"见""溪""群""疑"，今黄河流域、扬子江流域人大抵读柔声。唯闽人概读刚声，尚存古音之旧。故增列四字，旁加符号，令读者知声母作用有一柔一刚之妙。一柔一刚即一阴一阳。

---

① 沈恩孚编：《国文自修书辑要》，中华书局 1916 年版。该书就文字、文章范围介绍自修国文所需的重要著作，包括《说文解字部首》《说音》《四书》《汉书艺文志》《四库全书总目提要叙》《古文辞类纂序目》6 种。

② 江易园（1875—1942），名谦，字易园，号阳复，安徽婺源（今江西婺源）人。著有《说音》《古今音读表》等，均收入《阳复斋丛刊》18 种。

（五）知"见""见"之一阴一阳而为一母，即知"晓""匣"之一阴一阳而为一母，"影""喻"之一阴一阳而为一母。所谓阴阳一太极。（适按：此语不通。）

（六）"晓"必增"匣"，"影"必增"喻"。以此例之，则"见"必增"见"，"溪"必增"溪"，"疑"必增"疑"，若"见"可该"见"……则"晓"可该"匣"，"影"可该"喻"。无庸增"匣"增"喻"。可知造声母者，未能阐发一阴一阳之妙用，故义例不一……

（七）以"晓""匣""影""喻"一阴一阳之例推之，"泥""来"也，"精""照"也，"清""穿"也，"心""审"也，亦符一阴一阳之例。其他声母，或偏于阴或偏于阳，不能一致。其实每一声母皆有一阴一阳之用。本之天籁，无古今南北皆然。

（八）……略举义例……

见	溪	疑	晓匣
阴阳、坚固、健刚	启开、顷刻	仰昂、听我	喜欢

影喻
隐约、抑扬

端	透	泥来	精照	清穿
丁当、的当	剔透、周备	玲珑	嗟咨、彳亍	青葱、怅怆

心番　　帮　　　穿　　　　明

参商、细王员^①边旁、标本　劈破、匹配　滴满、

　　非　敷　群　　　微

迷茫　菲芳、匪弗　味玩（轻唇舌至微母，阴阳之分较微）

（九）凡同一声母之字，无论或为阴声或为阳声，皆谓之双声，亦谓之同纽。

如坚固、顷刻。

若一为"见"母，一为"溪"母，则谓之旁纽双声。如观看、归去、间歇。

推之，见"溪群疑、影喻晓匣"，深腭浅腭，皆有相互环通之妙，亦可谓之宽格的旁纽双声。

（十）远稽训诂，近察方言，近转旁通，大抵不违轨则。"见溪群疑、晓匣影喻"为腭音一类，"见"与"溪"为近转而与"晓匣影喻"疑为旁通。

"端透定泥来、知彻澄娘日"为舌音一类。"端"与"透"为近转，而与其他诸纽为旁通……齿音一类，"精照"与"清从穿床"为近转，而与"心邪审禅"为旁通。

唇音一类，"帮"与"滂"，"非"与"敷"为近转，而与"明微"为旁通。

至于"群"为"见"浊，"定"为"端"浊，"澄"为"知"浊，"从"为"清"浊，"邪"为"心"浊，"床"为"穿"浊，

---

① 据手稿，"细"字后面的字潦草不清。

"禅"为"审"浊，"并"为"帮"浊，"奉"为"非"浊，虽列两母，实则一声。清浊两韵之事，非声之事也。……

适按：江先生以阴阳为声之事，而以清浊为韵之事。此适与事实相反。盖音纽（consonnonts）之有清浊，乃其固然，与韵无涉。而声之有刚柔（阳阴），则全是韵之关系。盖纽本无刚柔，而韵（vonel）则有柔刚。韵中，如"歌麻冬东"皆刚韵也。"其支微尤"则柔韵也。以字母表之，则 a o n 为刚，而 e i y 为柔。柔韵前之纽则作柔声，刚韵前之纽则作刚声。

如"见"纽合刚韵之 o 声则为歌，合柔韵之 e 声则为基。他如上例。

丁		当	
（Ting）		（Tong）	
的		窗	
（Tih）		（Tong）	
（柔）		（刚）	
劈	破	启	开
i	o	e	a
坚	固	迷	茫
i	u	e	o
菲	芳	抑	扬
e	o	i	o

（十一）上列举为通转正则。此外，闽人读"非敷"奉如"晓匣"，则轻唇缩入浅腭。然"胡邱"即为"方邱"，"蝮"即

为"虺"，古训可征。

吾绩北乡读"胡"为"敷"（H→F）而读"方"为"荒"（F→H）。

舌上舒为齿音，齿音缩入舌上，舌上混入深腭，亦为出轨。然古人互训亦间有斯例，可知古训已有方言之殊……

（十二）（略）

（十三）古人声音训诂之例可举者：

1. 同音

2. 一音之转

3. 双声

4. 叠韵

5. 重言

6. 急读缓读

而双声之用最多。以字广于同音，而义亲于叠韵故也。我国学者惯习诗赋，故叠韵观念，尚易明了。至于双声，往往忽略。段氏知转注大抵同部。孔氏发明韵部对转。章太炎氏益之以阴轴、阳轴、旁转、对转、次旁转、次对转。韵之说至矣，而双声之用阐发未宏。刘融斋谓韵有古今之分，双声无古今一也。今方言互异，亦皆韵变而声不殊。故知声可以知故训方言之根，知韵可以究变化纷纭之迹。此表专为阐发声母之用。至于韵，则章氏之成均图未能有以易之也。

适按：此表以"泥来娘日"同归舌音，似太含混。"舌头"

不足以状泥，"舌上"亦不足以状娘也。"来日"二纽更不易归纳。

原书尚有《声母柔刚表》《切音法》两种。今不钞。

九月十六日

芋魁

苏东坡诗"芋魁饭豆吾岂无"[①]，吾初不知芋魁是何物。今疑"魁"字古音从"斗"声，读如"头"。芋魁今音"芋头"也。后人附会奎宿为魁星，乃并读魁为奎耳。此说不知然否。

饭豆即今之豌豆，非转为奉耳。

后人读古字，声音之变，有不循常轨者。如"这"字今用作"者"字，而读如者去声。

又如禅字，今以梵文考之，古音从单声，在定纽，今成齿音矣。此乃由舌头变为齿音，尚有线索可寻。不如上二例之特异也。

十六日

---

① 出自苏轼之诗《庆源宣义王丈，以累举得官，为洪雅主簿、雅州户掾。遇吏民如家人，人安乐之。既谢事，居眉之青神瑞草桥，放怀自得。有书来求红带，既以遗之，且作诗为戏，请黄鲁直、秦少游各为赋一首，为老人光华》。

17 日

己酉杂稿

在程意君^①处，见吾手钞之《己酉杂稿》一册，乃己酉春夏所作诗。计诗二十二首。今重读之，颇可见八年前之思想意境。其诗多不足存者。因钞其可存者三首于此。

酒醒

酒能销万虑，已分醉如泥。烛泪流干后，更声断续时。醒来还苦忆，起坐一沉思。窗外东风峭，星光淡欲垂。

菊部四之一　陆菊芬"纺棉花"

永夜亲机杼，悠悠念远人。朱弦纤指弄，一曲翠眉颦。满座天涯客，无端旅思新。未应儿女语，争奈不胜春。

晨风篇（Day break）

郎菲罗（Longfellow）原著

晨风海上来，狂吹晓雾开。晨风吹行舟，解缆莫勾留。晨风吹村落，报道东方白。晨风吹平林，万树绿森森。晨风上林杪，惊起枝头鸟。风吹郭外田，晨鸡鸣树巅。晨风入田阴，万穗垂黄金。冉冉上钟楼，钟声到客舟。黯黯过荒坟，风吹如不闻。

十七日

---

①　程意君，即程干诚，安徽绩溪巨商程序东长子，是胡适在中国公学时的亲密学友。1909 年 1 月胡适作《赠意君》（载 1909 年 1 月 12 日《竞业旬报》第 39 期），第一句为"我爱程意君，天性独醇至"。

八年前（庚戌）吾在京师得诗十字云：

> 垂杨新拂道，乔木自参天。

盖当时新人物极少，各部大员如庆王、那桐、邹嘉来，皆老朽之人物也。其时适京中诸大街新种杨柳，长一二尺而已，而道旁人家院子中之数百年大树往往有之，故以为喻。

今旧地重来，则向之诸老朽皆已不见，而"新人物"乃遍地皆是。宜若可以有为矣，而卒成今日之现状者，何耶？

十七日

今日大雨竟日，气象萧瑟，令人不欢。上午吾在图书馆读书，下午雨更大，乃不能出室门。饭后思睡，睡起雨犹未止。忽得绍之快信，始知明侄已于廿五夜（十一夜）病故。读之绕屋而走，不知身在何所。

明侄为先大哥之长子，年十九。初在上海普益习艺所学图画，今夏本可卒业。忽得脚肿攻心之病。吾此次在芜，本不思绕道上海。因闻知此信，故变计去上海一看。吾到时，明已入宝隆医院。在院仅见一次，即匆匆北来。初闻其热已尽退，方极喜欢。岂意其遽至于此！

大哥所遗二子，其幼者名思齐，六七岁时忽发狂疾。疾已而口耳皆失其作用，遂成聋哑。今长者又死去，大哥有子而如无子矣。伤哉！伤哉！

十七日

19 日

十八日，坐车过西华门南池子，见一店家，招牌大书"菜魁"两字。顾视店中所有，皆萝卜、芋魁之类。吾忽念吾绩人谓菜根为"菜斗"，竹根为"竹斗"，树根为"树斗"，"斗"字皆读入声。皆即"魁"字。

《说文》云："魁，羹斗也。从斗，鬼声。"此在许君时，已读鬼声。而义犹不误。今吾绩人谓小孩所用木碗、竹碗为"魁"，读如"斗"入声。（此即《说文》之"枓"字。）许君误收魁字入斗部、遂从鬼声。此字宜在鬼部从斗声。

十九日补记

20 日

前记"魁"字，谓应在鬼部从斗声。后见钱玄同先生，因以此说质之。钱先生谓此说虽有理而此字何以从鬼，吾初无以对也。后思此鬼字盖含奇异之义，如芋魁、竹魁、菜魁，皆与寻常须形之根不同。以其鬼头鬼脑，故从鬼耳。

又疑从鬼之字多含"块然"之义。故块字从鬼，又"魁梧"之魁字、隗字、峞然之峞字（鬼，归也），皆有此意。"羹斗"之制盖如今人以一段竹或一块木为之，故亦从鬼。芋魁、菜魁、竹魁皆成一块，故亦从鬼也。

吾绩人谓竹根之块形者为"竹魁"，其竹魁外之须根则曰"竹根"。竹笋之下部亦曰"笋魁"。

廿日

读大学教员归安崔觯甫[1]先生（适）之《史记探源》八卷，甚喜之。

此君因读《新学伪经考》而有所触，故著此书，以考证《史记》今本之非太史公原稿。谓其中通篇皆伪者凡二十有九。

一、文纪

二、武纪

三—八、年表五—十

九—十六、八书

十七、三王世家

十八、张苍列传

十九、南越列传

廿、东越列传

廿一、朝鲜列传

廿二、西南夷列传

廿三、循吏列传

廿四、汲郑列传

廿五、酷吏列传

廿六、大宛列传

廿七、佞倖列传

---

① 崔觯甫（1852—1924），名适，字怀瑾，又字觯甫，近代经学家，受教于俞樾，治校勘训诂之学，与章太炎是同门。他的主要著作有《春秋复始》《史记探源》《五经释要》《论语足微记》等。

廿八、日者列传

廿九、龟策列传

其为后人（如刘歆等）所增窜者盖几于全书皆是。

此书与《新学伪经考》皆西人所谓"高等的校勘"（Higher Criticism）之书也。清代的考据家大概多偏于"书本的校勘"（Textual Criticism）。其能当"高等的校勘"之称者，惟阎百诗、惠定宇之于梅氏古文尚书耳。（袁枚亦尝议"三礼"。）书本的校勘到俞樾、孙诒让可算到了极点，到了这时代自然会生出些"高等的校勘"来。有前者而后人可不读误书，有后者而后人可不读伪书。伪书之害更胜于误书，高等的校勘所以更不可少。

廿日

（四）归娶记 ①

此第十六册札记，为运送公司所误，到京后数月始收到。故另作第十七册。今又归里，带有此册，即用为《归娶记》本子。

民国六年十二月

适

---

① 　此节辑录内容参考收藏家梁勤峰先生的整理稿，特致谢忱。

1917 年

12 月

16 日

十二月十六日由北京起程。

火车中读沙法克尼（Sophocles）① 戏曲五种：

一、葬兄记（*Antigone*）

二、争甲记（*Ajax*）

三、复仇记（*Electra*）

四、归国记（*Philocletes*）

五、英雄末路记（*Oedipus at Colonus*）

《葬兄记》与《归国记》皆极佳。余殊平平。

吾前读其《孽冤记》（*King Oedipus*），又尝听英国希腊文学大家穆莱（Gilbert Murray）自诵其所译《孽冤记》。

沙法克尼与墨翟同时，为希腊名家之一。今所传仅七剧，上所记六剧之外，其一为《毒袍记》（*The Trachinnian Maidems*），吾未之读。

火车中极冷。窗上积人口出汽皆成冰花，丽则可喜。吾见之深念此天然之美也。然向者积汽封玻窗时，亦是天然，何以不美？美者竟因何故？因又念"美"之一字寔不易解说。若说

---

① 沙法克尼（Sophocles，约前496—前406），今译索福克勒斯，克罗诺斯人，古希腊三大悲剧作家之一。

天然为美，如秋水芙蓉是美，然粪坑中蛆，亦是天然，又何以不得为美？若说美是人力，则北地妇女抹粉涂脂亦是人工，又何以不美？因为下一界说：

美者，天工人力所呈现象能引起吾人愉快的感情者也。

状词语尾之"尔"，吾乡状词语尾为"尔"字，今读如尼，去声。如：

慢慢尔来。好好尔做。快快尔去。

此即古人"尔"字，如"徐徐尔""纵纵尔"是也。

形容词语尾之"的"。吾乡形容词语尾为"呐"字，此即"的"字，"的"字在"端透定"，变为"泥"。吾乡"泥娘"无别，故读如"呐"。例如：

"好呐罢？""好呐。"（好的）

"某人呐？"（读如"门呐"）（谁的？）

"是我呐。"（是我的。）

到南京，以电话约陶知行[1]来会。知行九月归国，现在南京高等师范。

到芜湖，以轿归里。

十九夜在夜航船上，忽思仲甫[2]前拟采用胡彤夏女士之直行圈点法，用三种符号如下：

、 ＝ ，

---

① 即陶行知（1891—1946），中国人民教育家、思想家，曾用名"陶知行"。

② 指陈独秀（1879—1942），其字仲甫。

= ;

。 = .

惟苦无"冒号"。仲甫、玄同、尹默诸人皆不能有以补之。吾亦不能得第四种符号。今夜忽思得一种"、、"号，可作冒号。如下：

、、、、、、

此种似可用，因急以书告仲甫诸人。[①]

重唇音。

吾乡有许多轻唇音字犹读重唇音。（例）"木筏"读"木排""甫"读"普""缚"读"博"，此皆古音也。

又问话语尾"乎"字亦读如"罢"。"能喝一杯罢？""你来罢？"

又问话语尾"未"字读"曼"（即无字）。"吃饭曼？"（吃饭了吗？）"他来曼？"（他来了吗？）此亦古音也。

淖—澗

轿上读《淮南子·原道训》，有"甚淖而澗，甚纤而微"两句，高诱注云："澗亦淖也。夫饘粥多沈者为澗，澗读歌讴之歌。"庄逵吉曰："按《说文解字》，澗，多汁也，读若哥。"

吾乡谓粥之多汁者曰"淖"，又曰"淖澗澗"，"澗"读若

---

① 查《胡适全集·日记》（安徽教育出版社 2003 年版）和《胡适全集·胡适中文书信集》（台北"中央研究院"、胡适纪念馆 2018 年版），1917 年 12 月—1918 年 1 月，均无胡适致陈独秀信，而 1918 年 1 月 12 日致钱玄同信中没有提及此新标点符号之事。

"呵"。

21 日

大雪行七十里，宿筜溪桥。[①]

22 日

雪霁，行九十里到家。

三溪道中，见大雪里一个红叶，极爱之，因攀摘下来，夹在书里，为作一诗。

> 雪色满空山，抬头忽见你。

> 我不知何故，心里狠喜欢。

还想做首诗，写我喜欢的道理。不料此理狠难写，抽出笔来还搁起。

记一场无谓的笔墨官司。

到家数日，日日闻绩溪县知事李懋延在乡里征粮，扰民不堪，怨声载道。乡里小民痛苦无所呼吁，绅民又委缩不敢与直言。我一时高兴，作一书与知事，其略云：

> ……古者冬日省刑，所以体天和重民命也。况今当刑律革新之时，为政者用刑，尤宜慎重将事。今闻执事在乡数日，无一日不用非刑。铁索盈担，杖责盈千。差役横行，尤为民患。甚至以些小积欠，横迫已故学员之孀妇。尤甚

---

① 胡适于 1917 年 12 月 21 日致许怡荪信云："适今夜宿筜溪桥，明日到家。"（梁勤峰、杨永平、梁正坤整理：《胡适许怡荪通信集》，上海人民出版社 2017 年版，第 81 页。）

者，竟以供应不周，杖责地保数百。请问执事，此几百板子，载在新刑律第几条？无怪乎乡里不平之声之载道矣。又闻执事讯事往往用极惨酷之掌责。此种非刑废止已久。执事出任民牧，岂无所闻知耶？……

此人极笨。得此书后，读之半点钟始可了解。读后，乃以之遍各在座诸绅，遂致喧传众口。一时人心大快。此人初极愤激，自言拼将知事的官不要了，要和我争一口气。数日后，忽倩人办贺礼送来，吾本无意与斗气，遂收其联幛，而送一桌酒往谢之。

此人本市贩出身，不知用了几个钱，弄得知事做。在乡时，常对人言："如今做官，资格是用不着了，须要会运动，即如兄弟到省十五日便挂牌署事了。"又闻此次段芝贵任陆军总长，此人（亦合肥人）发电往贺，段有电复之。此人出此电遍示来访者。其卑鄙可想也。

上头有段芝贵、倪嗣冲一流人，下面自然有这一班害民的官。记之一叹。

此人在绩劣绩多端，不能备举也。

记我的婚礼

29 日

送轿。用大轿，不用花轿。

30 日[①]

下午，轿至。新妇由女宾六人迎入新房小憩。

下午三时行结婚礼。

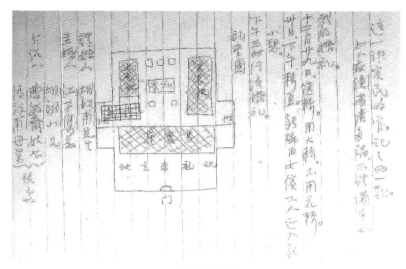

当日日记手稿

证婚人　胡昭甫先生

主婚人　江子儦叔　胡朗山兄

介绍人　曹敏斋姑公　冯敦甫母舅

---

① 这一天是胡适结婚的日子。胡适晚年曾和秘书胡颂平谈及为何定在这一天结婚。1961 年 1 月 3 日，胡颂平记录胡适的谈话如下："先生谈起 43 年前结婚的日子，说：'当年女方要我定日子，我是不信好日子坏日子的，就定了我的阴历生日，那年因为闰四月的关系，阴历十一月十七日，是阳历 12 月 30 日，女方翻历书一看，说这天不坏，也就不反对了。'"（胡颂平编著：《胡适之先生晚年谈话录》，新星出版社 2006 年版，第 94 页。）

俱已故

司礼人　胡近仁　叔

行礼次序

奏乐

请男女长亲入座。

请来宾入座。

请证婚人及主婚人入座。

请新妇新郎入座

乐止

司礼人宣告行结婚礼。

（以下由司礼人一一宣告）

新妇新郎就礼案前立。

司礼人宣读结婚证书（商务印书馆之本）。

请新妇新郎用印。

请男家女家主婚人用印。

请证婚人用印。

请证婚人授婚约指环与主婚人。

请主婚人授婚约指环与新郎新妇。

新妇新郎行相见礼，一鞠躬。

新妇新郎谢证婚人，一鞠躬。

新妇新郎谢主婚人，一鞠躬。

新妇新郎见男女长亲，一鞠躬。

新妇新郎见来宾，一鞠躬。

新妇新郎受贺，贺者合一鞠躬，新妇新郎答一鞠躬。

演说

来宾　许怡荪、曹子才、柯泽舟、胡衡卿。

新郎演说。

礼成，散坐

奏乐

吾此次所定婚礼，乃斟酌现行各种礼式而成，期于适用而已。

此次所废旧礼之大者，如下

一、不择日子。是日为吾阴历生日，适为破日。

二、不用花轿、凤冠、霞帔之类。

三、不拜堂，以相见礼代之。

四、不拜天地。

五、不拜人，以相见礼代之。

六、不用送房、传袋、撒帐诸项。

七、不行拜跪礼。

吾初意本不拜祖先。后以吾母坚嘱不可废，吾重违其意，遂于三朝见庙，新夫妇步行入祠堂，三鞠躬而归，不用鼓乐。

此次婚礼所改革者，其实皆系小节。吾国婚礼之坏，在于根本法之大谬。吾不能为根本的改革而但为末节之补救，心滋愧矣。

根本的大谬为何？吾国婚礼，自称为"父母之命，媒妁之言"。其实若真能办到这八个字，亦未尝不有好处。今之定婚者，皆取决于无目的算命先生及泥塑木雕的菩萨。父母不敢自信其耳目，又不敢信媒人之耳目，于是委责于瞎子及泥菩萨。而不知婚姻之事，父母、媒妁即能真用其耳目心思，犹恐不免他日之悔。况不用其耳目心思而乞灵于无耳目心思之瞎子、菩萨乎？此真荒谬野蛮之尤者矣。

吾友之母最迷信神佛。吾友少时，其母召算命者，问之曰："你在这一乡，命也算得多了。可有真好八字的女儿吗？"算命者言有某姓女，命最贵，一乡无其匹。其母大喜，遂托人求此女之八字（庚帖），为吾友聘之。此女大吾友三岁，入门未半年，而以事见绝于其夫。吾友本欲离婚，其母又不肯从，但令女屏居灶下，作苦工自给，不与吾友相见。此一乡最贵之命之女今堕落地狱矣！

吾订婚于江氏，在甲辰年。吾母择妇甚苛，虽不能免"合婚""对八字"之陋俗，而不废耳目之观察。吾家在乡间为世家，故吾少时，一乡年岁相等之女子，几无一人不曾"开八字"来吾家者。吾母卒无所取。癸卯之冬，曹敏斋姑公欲为其姊之孙女作媒，吾母以道远不之注意。盖其姊适旌德江村，距吾村三十里，又皆山道，交通极不便故也。甲辰之春吾与吾母在外家（中村）看戏。吾岳母吕夫人亦来游，名为看戏，实则看女婿也。吾与吕夫人居数日，虽知其意在择婿，亦不之避。别后吾即去上海，去后数月，婚议乃定。是吾之婚事，乃由两家母亲亲自留意打听而成。作媒者初为敏斋丈，后丈去世，吾母舅敦甫公代之。故吾之定婚，乃完全"父母之命，媒妁之言"之定婚也。吾之十余年不思翻悔者，亦正以此。倘此系瞎子、菩萨之婚约，则吾决不承认也。①

吾于乙巳、丙午之际，即已作书劝吾母令冬秀读书放足。吾母极明白大义，即为我致此意于江宅。卒以家乡无女塾，未能多读书；又为物议所阻，未能早放足。至数年前始放足，以过迟故，收效甚少。吾之记此，以见吾十余年前，即已存补救之意，初无悔婚之心也。

定婚后不数年，冬秀即已往来吾家，时为数月之留。盖旌德语言与吾乡大异，若不曾如此办法，恐今日闺房之中，尚须请人作翻译也。

戊申之秋，吾母已择定婚期，决计迎娶。吾以不欲早婚故，飞函阻止之。费了许多心力，才得止住。然两家都已为婚嫁之预备。今次婚时，吾家所用爆竹，尚多十年前陈物。（吾本不欲用爆竹，以其为十年故物，故不忍不用之。）女家嫁妆，亦十年前所办。奁中刀剪，多上锈者；嫁衣针线，有坏脱者矣。独爆竹愈陈年乃愈响耳！

吾与冬秀通信，盖始于游美以后。冬秀此次带来吾历年寄

---

① 据胡适留学日记手稿，从"故吾之定婚……则吾决不承认也"，墨水颜色比之后的淡许多，疑为胡适事后补记。

与她的信，匆匆展览一过，颇多感喟。欲作一诗题之，匆匆未果也。

吾岳母吕夫人死于民国四年之末。未死时，吾家遣吉娘往视其病。吕夫人含泪语之曰："只要吾家嗣穈（吾乳名）来家，我一把扯住了他，我便死也甘心了！"吾闻此语，为之终日不欢。婚后七日，吾与冬秀"回门"，同谒其墓，作一诗，纪感云：

> 回首十四年前，
>
> 初春冷雨，
>
> 中村箫鼓，
>
> 有个人来看女婿。
>
> 匆匆别后，便轻将爱女相许。
>
>
> 只恨我十年作客，归来迟暮；
>
> 到如今，待双双登堂拜母，
>
> 只剩得荒草新坟，斜阳凄楚！
>
> 最伤心，不堪重听，灯前人诉，阿母临终语！

吾去夏归国，以种种原因，未能迎娶。惟颇欲与冬秀一见，故以书与江宅，欲冬秀来吾家小住几日。时冬秀已病，故不能来。吾匆匆即须北去，故不能待其病愈。因以书与其兄约，自往其家一见。吾于旧历七月七日至江村，宿一夜。冬秀坚不肯出见。吾虽怏怏失望，然殊不欲使人难堪，故次晨作一书与之，嘱其勿以此事介意，亦不责之也。吾次晨即归，亦不复请见。

既归，人有问我曾见冬秀否者，吾但以"见了"答之，盖不欲多一番无谓之闲话也。惟吾母知之。吾母甚怒，以为她有意使我下不去。吾离家后，吾母不复令人去问冬秀病状，亦不复令人去接她来吾家。冬秀病愈后，殊不自安，乃亲来吾家，为吾母道所以不见之故。盖其家嫂与婶皆不赞成此举，故冬秀不便出见。此乃无母之苦。使其母在时，当可一见矣。

吾当时虽欲一见，然并不曾存必欲见之之心。盖吾于此婚一切皆已随便将就，何必作此最后之为难？

吾自江村归后数日即北去。道上作小词两首自嘲云：

如梦令

他把门儿轻深掩，不肯出来相见。难道不关情？怕是因情生怨。休怨！休怨！他日凭君发遣。

几度曾看小像，几次传书来往。见见又何妨！休做女孩儿相。凝想，凝想，想是这般模样！

此次婚礼前数日，吾以书寄江子僴叔云：

此次所用婚礼，乃系新式。第一须要新妇能落落大方，不作寻常新娘子态。望丈以此意叮嘱令侄女……此种事譬如做戏，新郎新妇都是正角色。若正角色不能撑场面，戏便做不成了……

此次冬秀乃极大方，深满人意。

吾作新婚诗云：

十三年没见面的相思，如今完结。

把一桩桩伤心旧事，从头细说。

你莫说你对不住我

我也不说我对不住你——

且牢牢记取这十二月三十夜的中天明月！

此诗第四句，即指上文所记之事也。

此次贺联甚多。惟张子高（準）一联最佳。云：

两个黄蝴蝶，

同此月团圞。

上联为吾"蝴蝶"诗句，下联为吾"今别离"词句也。

吾亦自作数联云：

远游六万里，

旧约十三年。

三十夜大月亮，

廿七岁老新郎。

谢他好月照好日，

讨个新人过新年。

1918 年

1 月

6 日

婚后七日，吾与新妇归宁，住两日而归。归时在杨桃岭上，望江村庙首诸村及其他诸山，作一诗云：

重山叠嶂

都似一重重奔涛东向！

山脚下几个村乡，

百年来多少兴亡，

不堪回想。

更何须回想！

想十万万年前，这多少山头，都不过是大海里一些儿微浪暗浪！

杨桃岭上有矿石可烧石灰，其石为水成岩，故知此地古代盖在海中，不独诸山之作波涛起伏之状足为证也。

27 日

婚后廿八日，吾即匆匆北去。"新婚诗"修改未了，便须做"新婚别"了。旧历十二月十五日起程，是夜宿三溪。作一诗云：

十几年的相思，刚才完结；

没满月的夫妻，又匆匆分别。

昨夜灯前细语，全不管天上月圆月缺。

今宵别后，便觉得这窗前明月，格外清圆，格外亲切！

你该笑我，饱尝了作客情怀、别离滋味，还逃不了这个时节！

29 日

十七日 ① 为满月之期。是夜宿夜行船上，作一词云：

生查子

前度月来时，你我初相遇。相对说相思，私祝长相聚。

今夜月重来，照我荒洲渡。中夜梦回时，独觅船家语。

【按】这一首词，普遍被误以为同题发表于《新青年》第 3 卷第 4 号（1917 年 6 月 1 日出版）。经编者查阅，其实是两首不同的词。兹抄录《新青年》版如下：

生查子

前度月来时，仔细思量过。今度月重来，独自临江坐。

风打没遮楼，月照无眠我。从来没见他，梦也如何做？

（六年三月六日）

据上可知，以上两首词，仅词牌和第一句相同，而写作时间（《新青年》版写于 1917 年 3 月 6 日，以上日记版写于 1918 年 1 月 29 日）和其他词句都不同。

2 月

2 日

新历二月二日到北京。共离京四十九日。

---

① 1918 年 1 月 27 日日记云"旧历十二月十五日起程"，据此推断，"十七日"指旧历十二月十七日，即 1918 年 1 月 29 日。

21 日

新婚杂诗

补作一首（廿二一日）

记得那年，

你家办了嫁妆，

我家备了新房，

只不曾提到我这个新郎！

这十年来，

换了几朝帝王，

看了多少世态炎凉；

锈了你嫁奁中的刀剪，

改了你多少嫁衣新样，

更老了你和我人儿一双！

只有那十年陈的爆竹呵，

越陈偏越响！

三

胡适零散遗漏日记

1922 年 ①

9 月

十一,九,十三（W.）

出城洗浴,买物。

二时,到大学②,开教职员大会。议决由教职员出来维持学校。我发言颇多,这个议案也是我提出的。

张伯苓③在京,我邀他在公园④吃饭,谈到夜十点始散。

十一,九,十四（Th.）

上午,开聘任委员会。

作《假如我们做了今日的国务总理?》文,是一个对于目前政治的计划。

作《骂人》一则。

十一,九,十五（F.）

九时至一时,面试旁听生二十余人。

---

① 据《胡适的日记》（中华书局 1985 年版）、《胡适遗稿及秘藏书信》（黄山书社 1997 年版）补录。

② 指北京大学。

③ 张伯苓（1876—1951）,原名寿春,字伯苓,后以其字行世,天津人。中国现代职业教育家,近代著名爱国教育家,南开中学、南开大学、南开女中、南开小学和重庆南开中学等南开系列学校创办者。1919 年至 1948 年出任南开大学校长。

④ 疑为北京的中央公园好来轩,胡适常在此和人吃饭。

饶树人自美国回来，我邀他和任光到长美轩吃饭。树人为中国新公学学生，我曾教他英文。他近来学物理，成绩极好。我的学生得博士学位的，他是第一人了。

国际联盟同志会开会欢迎芮恩施[1]，我被叶叔衡打电话邀去。芮有演说，说欧战后中国的国际地位。他要我替他翻译，我要避去演说，所以就替他翻译了。他今天说的话远胜前日的借款演说。

晚七时半，顾少川[2]邀在外交部吃饭。席上谈俄国问题，颇有许多讨论，后来大家意思都主张先与俄国代表开议，次决"承认"的问题。回家后作时评两栏。

十一，九，十六（Sat.）

作书。

至东华饭店，与梦麟、尔和[3]、邵飘萍同吃饭。飘萍谈民国初年在浙江办报入狱九个月的情形，很有趣味。他是一个很聪

---

① 芮恩施（Paul Samuel Reinsch，1869—1923），美国学者、外交官，美国当时著名的远东事务权威之一。原任美国威斯康星大学政治学教授，1913 年出任美国驻华公使。1919 年 5 月，因不满巴黎和会损害中国利益而辞职。1922 年 7 月，应中国政府邀请来北京访问。

② 顾维钧（1888—1985），字少川，江苏省嘉定县（今上海市嘉定区）人。中国近现代政治人物、社会活动家和外交家。1922 年 8 月，顾维钧任王宠惠内阁外交总长，11 月辞职。

③ 汤尔和（1878—1940），浙江杭州人，民国时期著名政客。1922 年 7 月任北洋政府教育部次长，9 月任教育部总长。

明的人，现在北京日报界中没有他的敌手。

午后到大学，《努力》已印好。

夜到明湖春吃饭。主人为一涵[1]、抚五[2]，客为汪东木、刘先黎，是安徽派来赴学制会议的。

与抚五打球。

夜归得牟震西君的信，知他为《努力》（18）的文章[3]，竟连累他的哥哥——兴县知事——被赵次陇把他的知事取消了！我无法，只能写一长信与阎锡山，责备他不应该如此狭陋。

适之老兄：

我真是忙得很，好久才给你一个回信。

你的中学国文教学，我们都很赞同，已交下期《教育杂志》转载。其中关于整理旧书一段，不但裨益教育，并且确是一大利源。又所开七条件，也很周密妥善。我以为

---

① 高一涵（1885—1968），原名永浩，别名涵庐、梦弼、笔名一涵，安徽六安人。1916年，高一涵毕业回国，任北京大学编译委员，兼中国大学、法政专门学校教授。作为新文化运动的主力军之一，高一涵在《新青年》上发表大量作品，也是早期马克思主义宣传家。著作有《政治学纲要》《欧洲政治思想史》《中国御史制度的沿革》等，翻译有《杜威的实用主义》《杜威哲学》等，另有诗集《金城集》。

② 王星拱（1887—1950），字抚五，安徽怀宁人。早年毕业于英国伦敦大学，回国后任北京大学教授，在《新青年》等刊物上发表文章，宣传科学知识，反对宗教迷信。后任武汉大学副校长、中山大学校长。著作有《科学概论》《科学与人生观》等。

③ 牟震西此文题为《山西政治的演变》，载《努力周报》第18期（1922年9月3日）。此文批评山西省长阎锡山的"新政"。

商务亟当照此进行。不过人才难得，恐不易办到美满。在商务里面找出几个人担任这事，实在不容易；不知你能够介绍些人在所外帮忙否。

我对于这件事，也有多少意见；写在下面请你指教：

（一）本丛书内，宜编著关于经学、史学、诸子、文学、小说、词章各种概论，一律作语体，以为入门的预备。

（二）本丛书所选著作，如篇幅较繁，且不是全体有价值的，不妨酌加删节。但只可删全篇，不可于篇之中删去某段。后种办法最易失作者精意，致冤枉古人。

（三）注释删繁就简，自系正当办法；但向例注释均置于正文之下，最易淆乱句读，使读者不能够贯穿全篇。我以为当照外国书体例，所有注释都依①标明次序，放在每页之下方。

（四）较难的段落，除却注释、标点外，当斟酌诸家的说，在每段下附以语体译文，用较小的字体印刷。但不必每段都附译文。

（五）古代文物，和现今多不同；于必要时当加入图画。

（六）本丛书不仅供中学生之用，所以书名用《国故丛书》就够，不必加入"中学"两个字。

我个人对于这部丛书，以为纵不能办得美满，总该尝

---

① "依"后漏"次"字。

试尝试。但是菊生等对于旧学研究较深的，却稍存慎重怀疑的态度。闻说日本也有这类书。我现在赶紧向日本多买几种来参考。大约只要有人担任，这件事就可着手开办了。还望你有更具体的办法来指教我们。将来果能照办，也须靠你主持大纲才好。

编译所的事复杂得很；对人应事实在不容易。现有经农、擘黄、抚群三位相助，希望多少有些成绩。

《现代教育》里面请你担任的一种，想已经得你同意（那本书已经寄上，想来总已收到了）。我们日内就要将全体书名发表了。

《常识丛书》已经收到稿本二十多种，年内就可出版，但是总须将你的大作加入才好。望你腾出几日工夫，赶将《西洋哲学小史》草成寄下，感谢不尽。

云五

九月十四

11月

十一，十一，一（W.）

上课——写实主义与自然主义。办公。

继续作《吴敬梓年谱》。

十一，十一，二（Th.）

上课——哲学史两种。

继续作《吴敬梓年谱》，完。此谱共五十五页，约万六七千字，三日作成，颇能满意。

安徽议员陈策等请吃饭，饭后打牌八圈。

今天总统以教令正式公布新学制。除小更动外，全是依济南大会的。这一次我们把学制案告一结束，总算一件快意的事。①

十一，十一，三（F.）

上课，上午文法，下午论理。

作时评两则。

《尝试集》四版出版，今天到京。

夜九时，到尔和家，谈关余事。

夜归已十一时，翻看昨天的《吴敬梓年谱》，想起昨天一涵同我谈吴国龙在《贰臣传》的事，因试检《耆献类征》，检得吴国对的墓志，是陈廷敬作的，内中说吴国对有三子，长吴旦；孙几人，长霖起，是旦的儿子。我非常高兴。我在星期日，把吴敬梓的高祖吴沛、曾祖吴国对、父霖起，都寻出了。只有祖父不能考定。今天考定吴旦是霖起的父亲，又考得高祖以上的两代。这一件是今年最得意的一件事。因此，我修改《年谱》，

---

① 手稿中粘附有第23号教令公布的"学校系统改革案"原文剪报，胡适在上面有两条批语。抄录如下："有朱笔记出者，皆有更动之处。（18）条改的无理。"在（24）条及附注下："此一条是任之、观测和我在公园修改的。"

增加一部分；明天可寄出了。

十一，十一，四（Sat.）

上课——文法。在大学办公。

整理书。

尔和为关余事，邀吃饭，有亮畴、钧任、少川在座。我把明天的《努力》带去给他们看。亮畴①看见我责备他的话，极力申辩，说："你给我找到一个接手的人，我请你喝三瓶香槟，也请他喝三瓶香槟。我不是'恋栈'，是不肯'不负责任'。"

蔡先生②今晚说的话也很激烈。王亮畴屡次说，"你们不要看轻了我们维持北京秩序的功劳"。我实在忍不住了，老实对他说："你们不要把自己看得太重要了。你们走了，中国不会就塌下来的！"

这班人真无法可想。

十一，十一，五（S.）

会客。

---

① 王宠惠（1881—1958），字亮畴，祖籍广东省东莞市，出生于香港。曾任中华民国外交部部长、代总理、国务总理，是在海牙国际法庭任职的中国第一人。他是民国时期著名法学家、政治家、外交家，曾参与起草《联合国宪章》。1922 年 9 月，受命组阁，成立"好人政府"，任国务院代总理。

② 指蔡元培。

在济南春宴请北京教育会前次给我和姚书城饯行的一班人。饭后到商务印书馆买书。

夜间动手作《国学季刊》序。

十一,十一,六（M）

上课——小说。办公。

下午,为钢先生①译二点。

夜作序②。

十一,十一,七（T.）

上课——哲学史。

清华学校学生自治会的学生法庭的新职员今天就职,邀我去演说。十一点,曹校长（云祥）来接我,又到大理院与胡文甫同去。在清华吃饭。一点,行礼。文甫演说,我演说两点:（1）学生自治是道德教育的一个重要方法;（2）学生法庭有训练思想的功用——养成注重证据、审查证据、评判证据的能力。

三点一刻,回到北大。

四点至八点,开评议会。三件案子费了四个钟头!

---

① “钢先生”指钢和泰（Alexander von Stael-Holstein,1877—1937）,波罗的海德意志人,俄国男爵,汉学家、梵语学者。时任教于北京大学。

② 据胡适在1922年11月16日的日记里说“病中把《〈季刊〉序》写完了”,此“序”应指《〈国学季刊〉序言》。

到东兴楼吃饭。

夜归作序^①。

十一,十一,八（W.）

上课——写实主义，论理。

瑞典学者 Bernhard Karlgren 为欧洲今日中国学的大师，前年在法国《亚洲学报》（*Journal Asiatique*）上发表一文，论 *LePoto- Chinois*，*langue flexionnelle*，研究中国古代代名词的变化，注重尔、汝、吾、我等字，与我的《尔汝篇》《吾我篇》的结论绝相同。他这一次从美洲回欧洲，路过上海，因病不能北来^②，写信来订交，并送我前年那篇文字的单行本。我写长信答他。

Shanghai, China, 4.11, 1922

Dear Dr. Hu

I take the liberty of sending you a copy of a small article of mine that appeared a couple of years ago. I sent a copy at that time to Y. T. Li he, then in Leipzig, and he wrote me that you had made a similar observation of the difference between 吾 and 我.

I had looked foreward with great expectations to meeting

---

① "序"指《〈国学季刊〉序言》。

② "北来"，指由上海赴胡适当时所在的北京。

you and some other of the learning Peking scholars, of which I have heard much through Dr. J.G. Anderson. Unfortunately bad health prevented my going to Peking, and I am leaving Shanghai in a couple of weeks. There were a lot of questions I would have wished to ask you, and if I do not trouble you too much, I will take the liberty of asking your advice in letter:

1. Which are the most important works written recently by Chinese scholars on palaeography, especially with reference to the divination pieces found in Honan ? I have got hold of some of the works of 罗振玉, but I am not sure if they are all he has written, and I wonder if there are unprinted works of other authors on the same question.

2. Are there published by the Peking University or otherwise, any scientific periodicles, especially on sinological topics, and are they buyable in Shanghai ? I want to be able to follow the works of my chinese colleagues, and would subscibe to the periodicles in question of our university library.

3. Which is the leading organ for the 白 话 movement ? The question interests me very much and I would like to have it.

I beg you to excuse my troubling you with these questions. For e few months I hope to be able to send you a new big work of mine now printing, a study of the Chinese characters from a phonetic point of view.

I am，dear Dr. Hu，with respectful regards .

Yours sincerely

Dr. Bernhard Karlgren

Temporary address: Kalce Hotel，Shanghai

Central address: University，Gothenburg，Sweden

[译文]

亲爱的胡适博士：

冒昧奉上我在若干年前写的短文。我在数年前曾将此文寄给林语堂，他告诉我您曾对"吾"与"我"的区别作了与我类似的考察。

我非常期望与您及北京学界的其他学者见面。关于你们的情况，我从安德森博士那里闻知甚多。遗憾的是，我的健康状况不容许我前往北京。数周后，我将离开上海。我有很多问题想请教您，如果您不介意，我将冒昧在此信中向您求教：

1. 最近中国学者关于甲骨文（特别是在河南发现的残片）的研究著作中，哪一些最为重要？我已收集了很多罗振玉的著作，但我不知道这是不是罗振玉的所有著作，我还想了解其他学者关于上述主题是否有未公开出版的著作。

2. 北京大学或其他研究机构是否定期出版有关汉学的学术期刊？这些期刊能否在上海买到？我想了解我的中国同行的工作，并为我所在大学的图书馆订阅上述杂志。

3. 哪一种是白话运动的主要报刊？我对此颇感兴趣，并很想拥有一份。

以上问题，多有打扰，谨祈鉴谅。几个月后，我将奉上我的一本篇幅较大的著作。此书主要是从语音学的角度研究中国汉字，现正在印刷中。

谨颂大安

您的诚挚的卡尔格兰博士

目前地址：上海卡尔斯饭店

永久地址：瑞典哥德堡大学

1922 年 11 月 4 日

于中国上海

十一，十一，九（Th.）
至十一，十五（W.）

这一星期之中，因忙与病，把日记停了。这一星期之中，做的都是例行的事，上的是例行的课，亦无甚事可记。只有：

（1）整理书籍，颇有成效。

（2）作《〈国学季刊〉序言》，约一万多字，颇费周折；这是代表全体的，不由我自由说话，故笔下颇费商量。我做的文章之中，要算这篇最慢了。

（3）病来了！十五夜觉左脚酸痛，理书时竟不能久站；细看痛处在左脚踝骨里面，面上有点肿。睡时又觉两腿筋肉内酸痛。脚肿大像我前年起病时状况，故颇有点怕。

十一,十一,十六（Th.）

因脚肿，告假一天。

我是不能闲的，病中把《〈季刊〉序》写完了。

十一,十一,十七（F.）

昨夜醒时口干，小便加多，也很像前年病中情状。

出城访陆仲安，请他给我开一个方子。

晚上文友会在中央公园开本年第二次会，我演说"中国小说发达史"。

十一,十一,十八（Sat.）

病渐好，上课，办公。

下午修改《文学史》稿，付国语讲习所刷印。[①]

晚上修改《〈季刊〉序》。此序给玄同看过，他有信来，指出几点，故引起我的更动。

十一,十一,十九（S.）

会客。上午陆侃如、杨鸿烈、毛子水来谈；下午今关寿麿

---

① 指胡适在北京政府教育部主办的第3届国语讲习所主讲"国语文学史"课程时所用讲义的石印本。此书于1927年4月由北京文化学社印行，钱玄同题写书名。

来谈，甘大文来谈。

今天突起一大政潮，颇骇人听闻。①

此事今早各报皆未载，独帝制派与保定派之《黄报》记载独详。此尤可注意。

十一,十一,二十一（T.）

上课。《季刊》稿付印。

作新学制课程标准，未完。

蔡先生邀吃饭，会见沈衡山②、王天木二君。沈君爱谈政治，又谈家庭改革。王君想办一个"中国文化出口大公司"，大概是章行严的一百万元办一个大编译局的意思，不过行严注重入口，而王君重在出口。此事谈何容易！

到东安市场去买棉鞋，便中买得任公的《王荆公》册，偶一翻阅，见他称引蔡上翔的《王荆公年谱考略》。蔡字元凤，金

---

① 据手稿，该日日记粘附剪报两则：一则《北京晚报》，标题为《黑幕重重之财政大狱》；一则剪自《京津晚报》，标题为《喧然大波之政潮》。内容皆是财政总长罗文干因金佛郎案被捕事。

② 沈钧儒（1875—1963），字秉甫，号衡山，浙江嘉兴人。1905年留学日本，回国后参加辛亥革命和反对北洋军阀的斗争。1912年加入中国同盟会。五四运动期间，撰文提倡新道德、新文化。曾任国会议员、广东军政府总检察厅检察长。1922年任《中华新报》主笔。同年6月北上，任国会参议院秘书长。8月，当选为国会宪法起草委员会委员。1936年，他与宋庆龄等发起并组织了全国各界救国联合会。之后，他为反对内战争取和平，建立和扩大爱国统一战线做出了很大贡献，是中国民主同盟的创始人之一。

溪人，生乾嘉间，所著《年谱》二十五卷，杂录二卷；成书时，年已八十八岁。此书吾未见，当访求之。

任公又引李绂《穆堂初稿》。李绂是荆公同乡，蔡氏当是受李绂影响而发愤著此大书的。

十一,十一,二十二（W.）

上课。出城诊病，换一方，检药后，回家吃饭，已两点钟了。饭后上论理学课。

读李绂《穆堂初稿》，卷四十六有序跋几篇，为王安石辩护，很有道理。其论《辨奸论》为伪作，更精警。

同卷页18有《书扫花人复社姓名序后》，云：

> 扫花人者，故织造郎中加通政使汉军曹寅子清也。子清由内务府通籍，而性嗜书。藏书之富，近十万卷，与崑山徐健庵先生传是楼略等；腹笥甚充。曾见其所为诗，亦古雅。其为人不可知，而好书则可尚也。身后卷帙零落，同馆昌侍讲龄购得十分之二三，是编在焉。余因得借抄之。子清作小序于首简……

十一,十一,十三（Th.）

上课。今天《努力》缺稿甚多，作时评几千字。

1961 年

7 月

五十，七，二十（TH.）[1]

古稀新郎一往情深

姚凤磬

蒋梦老赢得芳心

"换我心，为你心，始知相忆深。"这是宋人顾夐填的一首相思词《诉衷情》里最后的几句。也是蒋梦麟博士和徐贤乐女士定情时的关键。据徐贤乐的一位堂妹说，徐女士开始经人介绍和蒋博士见面以后，本来有点嫌他年纪稍大，不愿意为他放弃自己廿年来"心如止水"的安静独身生活，可是蒋博士对她一往情深。经过几次交游后，与她小别就为之食不安、寝不宁；才用一张日本绘画的金边皱纹水色纸（横幅约一尺），上面用毛笔精心端写了三十几个字——宋词《诉衷情》的全文寄给徐女士，并在纸的后面写了一行："敬献给梦中的你。"

---

① 该日日记仅附三则剪报。此则，胡适旁注:《联合报》，五十，七，二十。此外是两则短讯:（一）《蒋梦麟伉俪昨两度出游》；（二）《蒋梦麟夫妇今仍在台中》，均无出处，《胡适全集》第34卷"日记（1950—1962）"（安徽教育出版社2003年版）和曹伯言整理《胡适日记全集》第10册（台北联经出版事业公司2004年版）不但略去后两则短讯，而且少许文字与胡适日记手稿不符，故据手稿予以重新辑录。

徐女士感蒋博士款款深情，并陶醉于他的灵毓才气。由于徐女士本身的中英文根底都好，她一直希望再结合的对象，是一个中英文都佳的绅士，蒋博士的才思和多情，终于撼动了她的心。

红娘受托日夕用心

记者昨天曾分访居浩然夫人和郑曼青夫妇，以及一位不愿透露自己姓名的太太——是这件亲事真正的红娘。

那位真正的红娘，是一位四十多岁的太太。她是蒋氏亡妻陶曾谷女士的表亲，陶女士缠绵床榻时，她常常去照应病人。陶女士曾经对她说："梦麟的身体很好，而且太重情感了，我死了以后，他一定会受不住的；而且，我不忍心他受长时期的寂寞；所以，我希望你能够帮他找一个合适的对象，陪伴他。"

那位太太回忆说："当时陶女士的眼中含着泪水，她并且凝视着我，一再地说这件事你要暗中替他进行！我现在就谢谢你！"

由于陶女士临终前的嘱咐，使蒋博士的续弦问题变成了那位太太无时或忘的"责任"！

从陶女士逝世约一年以后，蒋博士悼念旧爱的心情尚未淡减时，她就开始跟他提亲说媒。蒋氏本身因为陶女士生前夫妇感情弥笃，所以丧偶后，益觉孤独寂寥，常常参加一些亲友举行的宴会。她也就常乘这种机会，替他带一些"对象"来相亲。可是，有好几个都因没有缘份，不是女方嫌蒋博士年纪太大，就是蒋氏觉得对方未若理想。所以，起初她的热心常常被相亲双方的不和谐而浇了一盆冷水。

据说被说过媒的女士很多，但都没有使蒋氏动心，直到蒋博士在圆山饭店一次宴会中，透过媒人的介绍，认识了徐贤乐女士，情形就不一样了。

经人介绍一见钟情

蒋博士第二天上午就打电话向那位热心替他说媒的太太说："那位徐小姐太好了，脾气温柔，尤其是风度真好，太好了，太好了……"蒋博士一连串的"太好了"，使做媒的人不禁松了一口气，而且当她向蒋博士开玩笑说还要替他介绍别人的时候，蒋氏却笑着说："徐小姐就很理想了，我今天晚上请她吃饭怎么样？"

就这样，蒋氏和徐女士就开始做了朋友，那是四十九年农历年过后不久的事。以后，俩人情感日渐上升，而织成一段曲折缠绵的历史。

徐贤乐女士今年四十九岁，说得上是系出名门，是江苏无锡的大族。她在台湾的亲戚多达一百余人；徐女士的堂妹徐芳，就是"国防大学"校长徐培根将军的夫人，徐芳的妹妹则是党国元老居正的哲嗣居浩然的夫人。徐女士的表妹是郑曼青夫人。

徐女士的曾祖父徐寿老先生，是逊清的文学家，留学德国，翻译过许多外国科学书籍，同时也是第一个在中国创办造船工业的人。她的祖父徐建寅先生，继承父业，并且创办了汉阳兵工厂，曾在研究室中炸断了右腿。徐培根和居浩然的太太，则是和徐贤乐女士同一个祖父。徐女士的父亲徐献庭先生曾参加革命，与党国元老许世英订交甚深，所以廿多年前，她和杨杰结婚时，即由许老先生证婚。

据居浩然的夫人说，徐贤乐女士是一个非常贤惠而且内向，完全是典型的家庭主妇。她和杨杰离婚后，就过着职业妇女的生活，可是她一直想成家，无奈碰不到合适的人。徐女士曾于抗战初期，在外交部和重庆复兴公司做过事情；后来孔祥熙介绍她到中央信托局任专员，迄今已有十八年了。她原先是在购料处服务，现在则在医务室。

蒋梦麟对徐女士可以说是一见钟情，徐觉得蒋年纪太大而且恐怕性格不合；但蒋托由媒人向她致意，表达自己的意思：他觉得徐女士的家庭身世很好，而且品貌双全，一切太理想了。蒋博士在写给徐女士的第一封情书里面就有："在我见过的一些女士中，你是最使我心动的人。"

蒋博士和徐交游约三四个月以后，体重增加了四磅，他逢着相熟的人就说这件事！有一次，徐女士为了一点事跟他闹个小别扭，两人数日不见。蒋博士这时已对徐小姐难舍难分，于是就用精致的日本绘画卡片写了那首《诉衷情》的宋词。两人经过这一段周折，感情又猛进一步。

购备具布置洞房

蒋博士与徐贤乐的情感与日俱增，就互相论及嫁娶。可是，这件事引起他们亲友的两种看法，一种是反对蒋博士再结婚的，有的则赞成这回事。

北大同学会的师友们，几乎都不太赞成蒋梦麟结婚，蒋氏在婚礼席上曾对人说："连适之也反对我！"据他说胡适之本来是赞成他和徐女士结婚的，但一个礼拜以后，也不赞成了，并且写了一封信给他。蒋博士接到信以后，就打电话问他这位老友："你这封信是反对我结婚呢，还是赞成？"胡博士说："我不赞成，希望你再考虑一下……"蒋博士就说："那这封信我就不拆了。"

胡博士也完全是一番好意，因为当时有关徐女士的谣言很多，而且胡博士最关心的是蒋博士结婚后的健康问题。①

一个月以前，蒋博士不顾亲友的反对，已经择定吉期，并且在他德惠街的住宅二栖布置好了新房，又买好了

---

① 查胡适日记，1961年7月20日前后，胡适多次剪贴有关蒋徐婚恋的剪报，可见他对此事颇为关注。一些不赞成蒋梦麟这桩婚事的朋友请胡适出面劝阻，胡适乃于这年6月18日致信蒋梦麟，其中说："我是你和（陶）曾谷的证婚人，是你一家大小的朋友，我不能不写这封信。我万分诚恳的劝你爱惜你的余年，决心放弃续弦的事。"蒋梦麟断然拒绝。但不到两年的时间，蒋徐的婚姻关系即告破裂。1963年4月10日蒋梦麟向台北地方法院诉请离婚时，即将胡适的这封信交给台湾《中央日报》发表，"深悔当年没有接受老友的忠告"。

家具，其中一支双人藤绷床上面加海绵垫共花了三千元。同时买了一个大钻石作为结婚证物！

好事多磨一度搁浅

张岳军被请担任证婚人！这条喜讯传了开来，许多反对蒋老博士再婚的人，反对益烈；有人又以健康问题相劝蒋老博士，于是婚礼好事多磨，又暂时搁置。

据居夫人说，徐贤乐女士和蒋博士是真正的爱的结合。徐女士多少年来一直在做事，有很良好的经济基础，她本身一点也不爱好虚荣，自己有一栋宿舍，日子过得很舒服，而且教养很好的她，不可能只贪图什么！再说，这件事一直是蒋博士主动追求的！两人的情感发生和进展得很自然……所以，一些真正爱护蒋博士的人，不禁深深为蒋氏和徐女士那种浓烈的感情所感动。

蒋博士在婚礼改期之后，一个月内体重降八磅！徐女士也很忧郁，但在前天，他俩终于成了眷属。

郑曼青先生在谈到他参加蒋博士婚礼的经过时说："婚礼的进行简单而隆重，蒋博士在喜筵时的愉快表情是空前的！"

蒋博士和徐女士是在十七日的下午，才告诉住在临沂街的陈能太太，说他们的婚礼定翌日中午在陈家举行。陈太太是徐女士的亲侄女，所以陈太太获悉之后，立刻上街购买菜肴，早一晚就把大肘子炖在炉子上，并且遵嘱不把这件喜事告诉任何人。直到十八日上午，蒋氏和徐女士到了陈家，叫陈家下女坐汽车送了一封信邀请住在中和乡的郑曼青夫妇，又打电话找居浩然夫妇到陈家来。当居氏夫妇接到电话的时候，陈太太只告诉他们，请到舍下便饭，客人已到的有徐贤乐女士和另外一位"绅士"。郑曼青夫妇到的时候，客厅中坐了蒋博士和徐女士以及居浩然夫妇，当然更少不了那位为蒋氏说媒的某太太。大家还不知道是怎么回事，但看当时的情形，觉得恐怕是蒋博士也许又要就他婚礼的事和大家商量：不一会儿，住在附近的端木恺律师也来了！

有情人终成眷侣

蒋博士笑嘻嘻地站起来，终于揭开了这个闷葫芦。陈太太从公文包里替他拿出了结婚证书摆在桌子上，蒋博士说："我今天请大家来是参加我的婚礼！"大家立刻向新郎新娘贺喜。蒋博士曾向郑曼青说："曼青，我已经到中心诊所检查过身体，他们说我没有老年人的疾病，心脏、血压一切都正常，没有毛病。"他并且说："我的身体没有问题，我一定不会害别人的！"

婚礼开始，要介绍人用印，原来是非那位一手促成"蒋徐姻缘"的太太莫属，可是那位太太一定不肯出面，临时请郑曼青和居浩然两人担任，证婚人则是端木恺。蒋博士在拿出结婚证书的时候曾说："我现在的心情，好像当年学校参加考试时候一样！"当大家都在结婚证书上盖了印以后，依次入席，蒋博士又说："啊！好了，我现在总算交卷了。"蒋博士并且在喜筵桌上向大家"谢媒"，他说："你们大家都是恩人，都是恩人！"

蒋梦麟伉俪昨两度出游

【本报台中十九日专电】在台中铁路饭店三楼套房度过新婚第一夜的蒋梦麟博士夫妇，今天上午十一时起床。盥洗之后，蒋博士偕同他的新婚夫人徐贤乐女士乘车外出，午后二时返回临时新房休息，下午五时又再度外出，到九时左右返回旅社，当即关照茶房二事：（一）不接听电话；（二）不接见任何客人。蒋博士吩咐完毕，即手挽新娘闪入洞房之中。

蒋梦麟夫妇今仍在台中

【本报台中电话】新婚的蒋梦麟博士夫妇浸沉在欢愉的蜜月旅行中。今天上午九时许，各报记者到台中铁路饭店去拜访蒋博士时，他俩还在临时新房内。旅社的伺者不肯去问蒋博士是否愿接见记者，只说两老还在睡觉。按：蒋博士夫妇昨天曾两度出游，但未离开台中。

五十，七，廿三（Sun.）①

何勇仁先生（识夫）②剪赠这一条，我很感谢。

散步与心脏病③

周一之译

三十五岁以上的人，其学识经验已达完全成熟的阶段，可以说正是发展其抱负的好时候，却受到心脏病的严重威胁，几分钟之内，即会夺去宝贵的生命，这是很可惜的。

医学家的意见，认为三十五岁的人，如果心脏健康，

---

① 查胡适该日日记手稿，胡适在何勇仁赠送的剪报中，以波浪线标注了多处，而《胡适全集》第34卷"日记（1950—1962）"和曹伯言整理《胡适日记全集》第10册收录何勇仁赠送的此剪报时，未作任何标示。另外，《胡适全集》第34卷"日记（1950—1962）"和曹伯言整理《胡适日记全集》第10册辑录该日日记，有几处纰漏。鉴于此，兹依据胡适手稿，予以重新辑录。

② 胡适在此处标记何勇仁的字为"识夫"，但在1961年8月16日夜写给何勇仁的信中，则称其"义夫"。（胡颂平编著：《胡适之先生年谱长编初稿》第10册，台北联经出版事业公司1984年版，第3698页。）

③ 这是何勇仁剪赠胡适的一条剪报，《胡适全集》第34卷"日记（1950—1962）"和曹伯言整理《胡适日记全集》第10册称该剪报"无报名及日期"，其实胡适日记手稿中，该剪报文末有胡适标注的"明报"二字，即该剪报出自《明报》。另外，《胡适全集》第34卷"日记（1950—1962）"和整理《胡适日记全集》第10册把该剪报排在本日日记末尾，而手稿则是插在该日日记的第二段。考虑到该日日记第一句话说"何勇仁先生（识夫）剪赠这一条"，后文不再提及剪报，那么，此剪报的位置理当依照手稿。

活到七十岁以上是没有问题的。但如染患心脏病，目前尚无特效药可以治疗，只有眼看着迅速死去！所以心脏病实为三十五岁以上人的一个大敌。

根据统计，说明心脏病患者，以劳心之人最多，而劳力之人却很少染患这种病症。这是什么原因？因为心脏一如脑的组织一样需要运动。

心脏本来是我们身体上最坚强的组织，但要使其保持健康，则须经常以含有丰富氧气的血液，经过动脉系统予以滋养。而血液中的氧气必须从运动中去摄取。

缺少运动实为心脏衰弱的主要原因。此外则为精神的因素，如恐惧、忿怒、失望等都会影响心脏的健康。其他如抽烟过多、饮酒过量以及天气的乍寒乍热，都会刺激动脉发生收缩作用，血液循环减低，而间接使心脏内部产生窒息的状态，以致胸部疼痛，呼吸困难。所以避免心脏病的方法，除了对烟酒要尽量节制之外，最重要的是注意运动。

这并不是说要我们整天在室外作劳力的工作，或整天去做各项运动，而是说我们每天必须要找出一点时间去运动，至少我们要外出散散步。

散步，可以说是最简单的运动方式，而其功用也非常之大，能使你的心脏获得有规律的调和作用。当你漫步在郊外的时候，望着自由飞翔的鸟儿及随风摇曳的树枝，心里一定会觉得轻松、舒畅，身体的一切官能，也都会随之改变。

很多人总是这样说："我整日为生活奔忙，哪里还有时间出外散步？"事实上，无论一个人多忙，总会抽出一点时间来。为了健康，应该好好的把时间安排一下，尽可能把你的闲暇时间安排在室外去消磨。如此你能祛除物欲的思想，而使身心获得健康。

《明报》

何君是广东四会人，曾在民国十三、十四年间在广西任交涉员。他当时组织了一个学社，以南宁师范学校为中心，给一些有志学生讲谈"新文化"，并补习英文。何君给我的信上说：

……当时有作为的学生，如田树成、杨赐章、莫万等十余人均到上海升学。不幸学成回桂，多变共党。其中有一个贵县姓罗的学生，也是和他们同到上海的。可能他就是罗尔纲……

我今天对他说，那个贵县姓罗的学生是罗尔纲，毫无可疑。（他的原名大概不是尔纲。）我曾见尔纲的自白书——题作《两个世界》(？)①。他说他曾进上海大学，曾参加上海的五卅惨案，曾参加所谓"大革命"，又曾回到广西去参加各种"革命"工作。"清党"以后，他逃到澳门，又逃到上海。那时上海大学已

———————————

① 罗尔纲的自白书见于《胡适思想批判》第二辑。

被封闭了，他自己也经过了一种思想上大变化，才"转"到^①中国公学去上学！

今天我同何君长谈，很多感慨。当时的广西最高学府是南宁的师范学校，师范学生的数学、外国文都不好，所以出外升学不容易，所以只能进"上海大学"一类的学堂。结果只是给中共添了一些"有作为的学生"！

---

① 查《胡适全集》，此处多一个"了"字（见《胡适全集》第34卷，安徽教育出版社2003年版，第723页）。

四

胡适晚年未刊行事历日记

2005 年，台北"中研院"近代史研究所研究员黄克武接任胡适纪念馆主任。在清理馆藏时，发现若干 20 世纪 50 年代中期至 60 年代初期逐日记载胡适活动的记事本。经慎重整理复印，暂拟名为《胡适未刊日记》。该馆请潘光哲担任整理工作。潘先生另有课题在身，转而推荐程巢父担整理之责。程巢父把整理稿命名为《胡适未刊行事历（未定稿）》，可惜因种种缘故，一直没有出版。几年前，程先生曾以其整理稿嘱托我校订出版，故而不揣浅陋担负此责。我依据程巢父整理的《胡适未刊行事历（未定稿）》，做了多方面的校订、注释，以《胡适晚年未刊行事历日记》名之。故须特别说明，本章整理者为程巢父，我为校订、注释者。

——编注者，2020 年 10 月 16 日

1956 年

Diary［日记］①

Sept.［9 月］

Sept.［9 月］14［日］　　　　　　（F.）［星期五］

12:00　Philosophy［哲学］lunch［午餐］

6:30　Dr. & Mrs. Lessing② dinner.［莱辛博士与夫人晚餐］

Y.R.③ comes 5:30 P.M.［下午五点半元任来］

Sept.［9 月］15［日］　　　　　　（Sat.）［星期六］

---

①　在本部分日记中，方括号里的译文为胡适手稿原文所有，特此说明。

②　即 Ferdinand Lessing，雷兴（一译莱辛），德国汉学家，曾在北京大学担任德文教授，1919 年胡适曾师从其学习梵文，此后两人交往颇多。抗战时雷兴赴美国高校任教。1956 年，加州大学伯克利分校教授赵元任联络 12 人推荐胡适到加州大学伯克利分校担任教席教授。雷兴当时也是该校教授，故而做东请老朋友胡适吃饭。

③　赵元任（1892—1982），字宣仲，又字宜重，英文名 Y.R. Chao，原籍江苏武进（今常州），生于天津。1910 年考取清华留美第二班与胡适同船赴美，入康奈尔大学攻读数理专业，遂与胡适成为终生密友。赵元任是中国现代语言学先驱，被誉为"中国现代语言学之父"，同时也是中国现代音乐学之先驱，"中国科学社"的创始人之一。1956 年上半年，赵元任等 12 人联名推荐胡适为加州大学资深教授（Regents Professor），邀请胡适到加州大学进行为期一年的讲学，获得校方通过。从 1956 年 9 月 4 日胡适飞抵旧金山，赵元任夫妇到机场迎接开始，胡适成为赵元任家常客，两人还经常一起出席活动，尤其是赵元任听了几乎所有胡适这段时期的讲座。（赵新娜、黄培云编：《赵元任年谱》，商务印书馆 1998 年版。）

Sept. ［9 月］16 ［日］　　　　　　　（Sun.）［星期日］

下午去看 Condliffe ［康德利夫］①

Sept. ［9 月］17 ［日］　　　　　　　（M.）［星期一］

Sept. ［9 月］18 ［日］　　　　　　　（T.）［星期二］

~~Luncheon（Dr.Mah）~~［马博士午餐］②

~~Mah will fetch me at the hotel about 12:00~~

――――――――――

① 康德利夫（J. B. Condliffe），美国加州大学伯克利分校经济系教授，对中国经济的发展有研究，发表过《中国工业之发展》等学术论文。康德利夫曾于 1927—1929 年前后来华访问，并成为中国经济学社会员。1946 年 6 月，胡适所撰评传英文稿《张伯苓先生传》（*Chang Poling, a Biographical Tribute*）与康德利夫《论南开的实验》（*On Nankai Experiment*）共同发表于《中国杂志》（*The China Magazine*）1946 年 6 月号。稍后合辑成小册子《南开的张伯苓》（*Chang Poling of Nankai*）。康德利夫与赵元任交往甚多，属于同事兼好友。

② "Luncheon"，午餐（正式用语）。"马博士"即马如荣（N. Wing Mah，1893—1975），生于广州。1916 年取得美国伊利诺伊大学学士学位，1918 年取得加州大学伯克利分校硕士学位，1921 年取得政治学博士学位。博士毕业后留校任教。1929 年回中国，在南京的中央大学和上海的暨南大学执教过，1933 年回到伯克利任教直到 1960 年退休。马如荣和妻子白莎都很崇拜胡适。胡适在 1936 年 7 月 31 日的日记里写道："上午到 Berkeley ［伯克利］，在马如荣夫妇家吃饭，他们夫妇子女都最崇拜我，使我甚不安。我三年前在他们家中吃饭，别后马夫人在园中种了一杏树纪念我，今来时树已如我高了！"（曹伯言整理：《胡适日记全集》第 7 册，台北联经出版事业公司 2004 年版，第 344 页。）此后，胡适每到旧金山，一般都会到马如荣家，跟他们一家人见面。因胡适和他很熟，后面直接称呼他"Mah"。

删除线系原文所有，疑为取消此项行程安排之意。下同，不赘述。

［马大约 12:00 来酒店接我］

Sept. ［9 月］19 ［日］　　　　　（W.）［星期三］

12:00　Danton（Lunch at the Faculty Club）［丹顿（教职员俱乐部午餐）］

5:00 P.M.［下午五点］张丽门 [1] 来（？）

Sept. ［9 月］20 ［日］　　　　　（Th.）［星期四］

12:00　Mah will fetch me for lunch

［马接我去吃午饭］

3:30　President's office［校长办公室］

---

① 张兹闿（1900—1983），字丽门，系清末举人张昭芹之子，广东乐昌人。民国初期，先入高等小学堂读书，随后就读广州高等师范附属中学。后随家移居北方，就读天津南开中学，继而升入南开大学，于 1925 年毕业。1928 年，经南开大学张伯苓校长介绍，入北平中华教育文化基金会任会计。1931 年 9 月，由基金会派赴美国纽约花旗银行实习，研究证券市场，兼入纽约大学进修工商管理。1932 年获硕士学位。随即去英国伦敦，入政治经济学院深造。翌年回国，仍在基金会服务，兼任北平交通大学教授。1938 年任国民政府经济部工矿调整处副处长兼财务组长，主持工矿设备内迁与补充工矿所需资金的通融以及动力供应等工作。1944 年，奉调战时生产局任材料工业处处长。1945 年，奉派为经济部苏浙皖三省及京沪两市特派员，主持接收汪伪工矿产业。1947 年，参与筹建中国石油公司，初任协理，1948 年 7 月任总经理。1949 年 4 月，去台湾。1950 年至 1960 年间，在台湾先后担任所谓"财政部政务次长""经济部部长""台湾银行董事长""外交部顾问""美援运用委员会委员"等职务。

4—6　（Class）［上课］

6:00　到元任 office［办公室］

Sept.［9 月］21［日］

9:00 A.M.［上午］　Pardee Lowe［刘裔昌］^① 来吃早饭

7:00　Y.R. 请 Condliffe［七点，元任请康德利夫］

Sept.［9 月］22［日］　　　　（Sat.）［星期六］

3:00　道师们来

6:30　Dr.S. Kwan［关博士］^②

（1517 Edith St.）［伊迪丝街 1517 号］

Sept.［9 月］23［日］　　　　（Sun.）［星期日］

4:30　Strone's party［斯特朗的茶会］

Sept.［9 月］26［日］　　　　（W.）［星期三］

8—9　First public lecture［八点至九点，第一个公共演讲］

---

　①　Pardee Lowe，中文名刘裔昌，（1905—？），美国华裔作家，著有《父亲和荣耀的后裔》（*Father and Glorious Descendant*，1943，又译《虎父虎子》）。

　②　应为关颂韬医生。关医生在当时的旧金山非常活跃，是赵元任家的常客。

Sept. ［9 月］27 ［日］　　　　　（Th.）［星期四］

4—6　Class［上课］

7:00　Condliffe［康德利夫］

7:30　Durant hall［杜兰特学生厅］

106

世骧[1]Paper at colloquium［座谈会论文］

Sept［9 月］28 ［日］　　　　　（F.）［星期五］

4:00　Pardee Lowe［刘裔昌］

　　　余傅哫

5—7　Dr Kerner's home［克纳博士的家］

7:00　Miss Bingham dinner［宾厄姆女士晚餐］

（no dress）［无须着正式服装］

Host will take me from Kerner's［主人打算来克纳家里接我］

Sept. ［9 月］29 ［日］　　　　　（Sat.）［星期六］

12:00　Dankel［丹克］

---

① 陈世骧（1912—1971），字子龙，号石湘，祖籍河北滦县。幼承家学，后入北京大学主修英国文学，1932 年获文学学士。1936 年起先后任北京大学和湖南大学讲师。1941 年赴美深造，在哥伦比亚大学专攻中西文学理论。1945 年起，执教于加州大学伯克利分校东方语文学系，主讲中国古典文学和中西比较文学，并协助筹建该校比较文学系。1969—1971 年，曾邀请作家张爱玲任职于加州大学的中国研究中心，担任高级研究员。出版有《陈世骧文存》等。

8:00 P.M.［下午八点］（Diamond［宝石］-3-4540）

Mrs. Cameron dinner.［卡梅伦夫人晚宴］

Burlingame［柏林盖姆］（Black tie［半正式礼服］）

Sept.［9 月］30［日］　　　　　（Sun.）［星期日］

8:00 P.M.［下午八点］　Reception［招待会］M

CASA［计算机与自动化系统协会（美）］

Oct.［10 月］

Oct.［10 月］4［日］　　　　　（Th.）［星期四］

~~7:00　Chancellor Kerr's Dinner（餐）［钱塞勒·克尔的晚宴］~~[①]

~~——（Black tie）［正式服装］~~

~~Oct.［10 月］5（日）　　　　　（F.）［星期五］~~

~~Fly to Washinton.［飞华盛顿］~~

Oct.［10 月］1［日］　　　　　（Mon.）［星期一］

8:30　Pardee Lowe［刘裔昌］

---

① 此句应该译为：克尔校长的晚宴。后文相同语句，亦应作此翻译，不再重复标注。克拉克·克尔（Clark Kerr，1911—2003），美国教育改革家、劳动和工业关系经济学家，1952—1958 年期间担任加州大学伯克利分校校长（chancellor）。

Bockel〔博克尔〕

Brea〔布里〕

Oct.〔10月〕2〔日〕　　　　　（T.）〔星期二〕

12:00　Lunch〔午餐〕（Wing〔温〕&T.K.[①]？）

7:00　（？）Y.R. 请 Denner & Pepper etc.〔赵元任宴请登纳和佩帕等人〕

9:15

Oct.〔10月〕3〔日〕　　　　　（Wed.）〔星期三〕

8—9　Lecture〔演讲〕

Oct.〔10月〕4〔日〕　　　　　（Th.）〔星期四〕

4—6　Class〔上课〕

~~Oct.〔10月〕5〔日〕~~　　　　　~~（F.）〔星期五〕~~

~~7:00　Chancellor Kerr's Dinner〔钱塞勒·克尔的正餐〕~~

---

① T.K. 即童世纲。童世纲，湖北人，早年毕业于武昌文华大学图书馆学专业。抗战中入中央调查统计局任专员，后辗转赴美留学，取得博士学位。1950年秋，胡适受聘任普林斯顿大学图书馆葛思德东方书库（今葛思德东方图书馆）库长，与童氏共同清查整理库中藏书。1952年夏胡适满任，由童氏继任书库主任，直到1977年退休。因在该库有近30年服务的优良业绩，故退休后又获得普大赠予的终身名誉库长的荣衔。

~~(Black tie)~~〔半正式礼服〕

Oct.〔10月〕5〔日〕　　　　　　（F.）〔星期五〕

Leaves 9:00 A.M. for Washington〔上午九点离开前往华盛顿〕

Oct.〔10月〕6〔日〕

10:00 A.M.〔上午十点〕　China Foundation〔中国基金会①〕

Oct.〔10月〕7〔日〕　　　　　　（Sunday）〔星期日〕

（Wa-3-9923）〔华盛顿 -3-9923〕

（560W.165）〔560 西 165〕

Oct.〔10月〕11〔日〕　　　　　（Th.）〔星期四〕

Class〔上课〕

6:00　（Mah's）〔马博士家〕

Dinner〔晚饭〕

Oct.〔10月〕12〔日〕　　　　　（Friday）〔星期五〕

11:00 A.M.〔上午 11 点〕Mr.Irfan comes〔伊凡先生来〕

（Pakistan- Asia Found.）〔巴基斯坦—亚洲基金会〕

4:00　Miss Hsu of the Intr. House Asso.〔国际学舍许小姐〕

---

①　即"中基会","中基会"为"中华教育文化基金会"的简称。

5:30　Tuo Yuan［陶园］（Y.R.Party）［赵元任派对］

Oct.［10 月］13［日］　　　　　（Sat.）［星期六］

4:00 P.M.　China Club of Berkeley［贝克莱^①中国俱乐部］

6:30　董时进^②兄

（在 Durant［杜兰特］^③待）

Oct.［10 月］14［日］　　　　　（Sun.）［星期日］

1:00　纪五^④来午饭

---

① 即伯克利。

② 董时进（1900—1984），四川省垫江县（现属重庆市）人，1924 年获美国康奈尔大学农业经济学博士。1925 年回国，担任北平大学、四川大学等校农学院教授及院长，主编《现代农民》月刊，创办重庆大新农场，发起成立中国民主同盟，创建中国农民党。1950 年移居中国香港，1957 年定居美国。著有《农业经济学》《中国农业政策》《国防与农业》等。

③ 伯克利之旅馆名，即此时胡适讲学下榻处。

④ 王纪五（1927—1991），湖北崇阳人。知名宪法学家、教育家王世杰的长子。国立中央大学肄业，台湾大学政治系毕业，美国哥伦比亚大学国际法硕士学位，曾任美国旧金山《少年中国晨报》助理编辑、《自由中国日报》编辑。

充和 ①& Hans② ［与汉思］（Supper）［晚饭］

5:30 Hans Frankel ［汉思·弗兰克尔］③ 来接

（"茗谈会"④ 李彻之？）

Oct. ［10 月］18 ［日］　　　　　　　（Th.）［星期四］

4—6 Class ［上课］

7:00 Chancellor Kerr's dinner ［钱塞勒·克尔请晚宴］

（Black tie）［非正式礼服］

---

①　张充和（1914—2015），女，出生于上海，祖籍合肥，为淮军主将、两广总督署直隶总督张树声的曾孙女，苏州教育家张武龄的第四女（"合肥四姐妹"中的小妹）。她在 1949 年随夫君赴美后，先后在哈佛大学、耶鲁大学等 20 多所大学执教，传授书法和昆曲，为弘扬中华传统文化默默地耕耘，被誉为民国闺秀、"最后的才女"。

②　Hans，中文名傅汉思（Hans Hermann Frankel ［汉思·赫尔曼·弗兰克尔］，1916—2003），生于德国柏林，1935 年侨居美国。胡适在美讲学时，傅汉思在加州大学伯克利分校东亚学院任历史学助理研究员。

③　即傅汉思。抗战胜利后，受胡适邀请，傅汉思来到中国担任北京大学西班牙语系主任。在此期间，他得以与冯至、沈从文、金堤等中国文化名人交往，并结识了沈从文的小姨子、他未来的妻子张充和。1948 年两人成婚，1949 年他携妻子一同回到美国，改而研究汉学，并先后在加州大学伯克利分校和斯坦福大学任教。

④　"茗谈会"指的是傅汉思等组织的学术文化活动性质的茶会。查《胡适之先生年谱长编初稿》《胡适日记全编》等，均无胡适参加此"茗谈会"的记载。

Oct. ［10 月］19 ［日］　　　　　　（F.）［星期五］

17:00　陈健庵^①夫人饭

（陶园）

Oct. ［10 月］20 ［日］　　　　　　（Sat.）［星期六］

A.M.［上午］9:30 Baker［贝克］来接去玩

8:30　Hans［汉斯］^②早饭

（get Y.R.［接赵元任］）

Oct ［10 月］25 ［日］　　　　　　（Th.）［星期四］

Class［上课］–Oriental colloquium［东方学术讨论会］

Mah's supper［马博士请吃晚餐］

Mah 家吃饭

---

①　陈行（1890—1953），又名健庵、春标，浙江绍兴人。十六七岁时离乡外出谋生，结识河南随县知事言某，资助东渡日本学造纸，归国后再入上海圣约翰大学学化学。1917 年毕业，考取官费留学生，入美国俄亥俄州大学学经济兼化学。赴美船上，结识宋子文，终成莫逆之交。1921 年，获硕士学位毕业回国，历任汉口中华懋业银行经理、武昌造币厂厂长、财政部金融监理局局长、钱币司司长、中央银行行长、中央银行副总裁。1938 年 8 月后，连任中央银行理事会常任理事，为外汇管理委员会委员、上海造币厂厂长、财政部特派员，抗日战争胜利后为还都接收大员。1949 年赴台湾。
②　疑为傅汉思。

Oct. [10 月] 26 [日]　　　　　　（Friday）[星期五]

胡先生 & 太太（聿江^①之子）

6:30　远东楼

10: 45　Call on Mayor Hutchison［拜访梅厄·哈钦森］

Oct. [10 月] 27 [日]　　　　　　（Sat.）[星期六]

小芳^②

12:00　李祁^③来

3:30—5:30　（Mrs. Bingham［宾厄姆夫人］）

---

①　胡筠（1881—1938），字聿江，江苏江都人。历任交通银行经理、中南银行总经理，中南金城、盐业、大陆四行储蓄会执行董事，交通银行董事长，蚕丝改良委员会委员。1936 年中国建设银行公司联合中国、交通、金城、上海等银行投资成立中国棉业公司，胡筠与徐新六等任常务董事。1938 年 8 月 14 日与徐新六等从香港乘飞机赴重庆，遭遇日军飞机袭击，机坠人亡。

②　夏鹏，字小芳（筱芳），江苏青浦人，商务印书馆创办人夏瑞芳之子。1916 年赴美国留学。1925 年 4 月被选入商务印书馆董事会，以后历届都当选，从无空缺。同年 12 月以董事身份协助处理罢工事件。1926 年 12 月，经商务董事会议决，与杨端六二人在总务处办事，帮同总经理、经理处理一切事务，并出席总务会议。1927 年 1 月，商务董事会第 321 次会议定王显华辞职，众推夏鹏继任经理。1939 年 9 月请假赴美。1941 年 7 月，向商务董事会请长假，由李伯嘉代其经理职。1948 年被董事会选为总经理，坚辞未就。

③　李祁，女，1902 年生，留学英国，回国后教授英国文学，1949 年在台湾大学教了一年书后，去了美国。20 世纪 20 年代末到 30 年代初，李祁就读于北京大学，听过胡适讲中国哲学史。

Oct. ［10 月］28［日］　　　　　　（Sun.）［星期日］

小芳家

17:00　（？）Dennes［丹尼斯］

Oct. ［10 月］29［日］　　　　　　（Mon.）［星期一］

12: 30　（Eugene Burns comes to lunch）［尤金·伯恩斯来吃午饭］

Oct. ［10 月］30［日］　　　　　　（Tues.）［星期二］

11:45　Danton［丹顿］（Faculty Club）［教职员俱乐部］

Oct. ［10 月］31［日］　　　　　　（Wed.）［星期三］

Mah's home［马的家］

November［11 月］

Nov. ［11 月］1［日］　　　　　　（Th.）［星期四］

发童先生①信

---

①　经笔者检索胡适致友人的全部书信，以及 40 年代后期迄逝世前的日记、年谱，童姓友人仅有童世纲一人而已，故敢定 1956 年 11 月 1 日"发童先生信"之"童先生"就是童世纲。

马保之 ① 晚上来

Nov. [11 月] 2 [日]   (Fri.) [星期五]

5 : 00　Fangs will take me to Paolo Alto② [范斯 ③ 将带我去帕罗奥多]

元任生日

Nov. [11 月] 3 [日]   (Sat.) [星期六]

4 : 00　达 [4 时到达]

Max Hamilton（Sun.）约去 Paolo Alto [马克斯·汉密尔顿约我星期天去帕罗奥多]

Nov. [11 月] 4 [日]   (Sun.) [星期日]

午间回到元任家饭

---

①　马保之（1907—2004），农学家，广西桂林人。其父为教育家、学者、社会活动家马君武。1929 年毕业于南京金陵大学农学院，毕业后留学美国康奈尔大学，1933 年获博士学位。1949 年到台湾，任台湾"中国农村复兴委员会"植物生产组组长，1954 年任台湾大学农学院院长，直至 1960 年改任其他职务。

②　Palo Alto 即帕罗奥多，美国加州的一个城市，位于旧金山湾区南部的圣克拉拉县境内门罗帕克市与芒廷维尤市中间。

③　"Fangs"应指"房兆楹"，而不是"范斯"，疑翻译有误。

Nov. ［11 月］5 ［日］　　　　　（Mon.）［星期一］

Cosmos Club ［宇宙俱乐部］

Strong ［斯特朗］Speaks ［演讲］

Y.R.invites me ［元任邀请我］

Nov. ［11 月］8 ［日］　　　　　（Th.）［星期四］

Class ［上课］

Mrs. Lowe's dinner ［刘夫人 ① 晚饭］

6:45　在 Hotel ［酒店］有人来接

Nov. ［11 月］9 ［日］　　　　　（Fri.）［星期五］

K.S.&Luer ［K.S. 与吕尔］

Nov. ［11 月］10 ［日］　　　　　（Sat.）［星期六］

Internet. House Asso.10 Anniversary ［国际学舍 10 周年度］

（Business dress）［商务装］

5: 30　Mrs. Doughty comes to fetch me ［道蒂夫人来接我］

Nov. ［11 月］11 ［日］　　　　　（Sun.）［星期日］

洗先生 S ￥（寿宇）

---

① 刘裔昌夫人。

Stanford Univ.［史丹佛大学 ①］

3:15—1hr.［一小时］

Speech on Art& Culture［艺术与文化演讲］

4:30 Recept.［招待会］

Nov.［11 月］14［日］　　　　　（Wed.）［星期三］

Nov.［11 月］15［日］　　　　　（Th.）［星期四］

Class［上课］

8: 30 P.M. China House Association talk［晚上八点半在中国之家协会讲话］

Nov.［11 月］16［日］　　　　　（Friday）［星期五］

Council of World Affairs［世界事务会议 / 协会］

Mr. Nichole［尼可先生］

Condlilfe comes to fetch me at 5:00［康德利夫五点来接我］

Nov.［11 月］17［日］　　　　　（Sat.）［星期六］

6:30　　沈先生远东

6:30　　Mahs 马 ②

---

① 今译斯坦福大学。

② 指马如荣。

6:30　C. M. Li 李 [1]

Nov. ［11 月］18［日］　　　　　　　（Sun.）［星期日］

6:30 P.M.　Li［李］[2] 来接

（5:45 来接）Alex［艾列克］[3]

胡健中 [4] 等 may arrive ？　［可能到］

　　　　Th.8-8202

1:00 Prof. Alex Meikle※［艾列克·米克尔］

　　1525 La Iowa Ave.［拉·爱荷华大道］

---

[1]　疑为李霖灿，1956 年 7 月 31 日的胡适日记云："下午飞机到 Boston 机场，联陞同刘君来接。晚上在杨家吃饭，有裘开明、王德昭、李霖灿、何炳棣诸君大谈。"此时李霖灿在旧金山。李霖灿（1913—1999），河南辉县人，艺术史学者，曾任台北"故宫博物院"副院长。著作有《中国美术史讲座》《中国美术史稿》《中国名画研究》《山水画技法、苔点之研究》《艺术欣赏与人生》等。

[2]　疑为李霖灿。

[3]　即 Prof. Alex Meikle，疑为加州大学教授。

[4]　胡健中（1906—1993），原名经亚，字絮若，笔名葡子。原籍安徽和县，寄籍浙江余杭（今属杭州市）。1927 年毕业于上海复旦大学新闻系。从 1928 年开始任《杭州民国日报》总编辑。1934 年 6 月开始主持杭州《东南日报》，成立东南日报股份有限公司，任常务董事兼该报社长。1943 年秋到重庆接任《中央日报》总社社长，兼任《东南日报》社长。1946 年夏辞去《中央日报》职，到上海创办上海《东南日报》，成立东南新闻事业股份有限公司，任常务理事、总经理兼社长。1949 年 4 月携妻去台湾，曾任台湾《中央日报》发行人、社长，"中央电影公司"董事长。

Nov.［11 月］21［日］　　　　（Wed.）［星期三］

Brain- washing［洗头］

（No Lecture！）［无演讲］

12:00 McCully4415［马可利］

May Speak to the graduate students of Political Sc.［可能对政治系毕业生发表致词］

（Mr McCully？）［马可利］

At lunch［午餐］

6:00（书旗兄饭）

Nov.［11 月］22［日］　　　　（Th.）［星期四］

（No class）［无课］

1.Mah

6:30　Y.R. Chao［赵元任］

Nov.［11 月］23［日］　　　　（Fri.）［星期五］

6:30　世骧兄来接

Nov. ［11 月］24 ［日］　　　　　　（Sat.）［星期六］

晚上 Y.R. 去韵卿 ① 生日

Nov. ［11 月］25 ［日］　　　　　　（Sun.）［星期日］

中午 1:15 我约思琦夫妇 ② 吃饭

韵卿生日

5:30 远东 ③

Nov. ［11 月］27 ［日］　　　　　　（Tues.）［星期二］

11:45A.M. ［上午］Mah& Chaney ［马与钱尼］

Nov. ［11 月］28 ［日］　　　　　　（Wed.）［星期三］

---

①　杨步伟（1889—1981），字韵卿，安徽石埭人（今石台）人，生于南京，赵元任夫人，肄业于上海中西女塾。1913 年参加同盟会，后留学日本，1919 年毕业于女医学校，获文学博士学位。回国后与女友在北京创办森仁医院。1921 年与赵元任结婚，1940 年在美担任战时赈济中国委员会委员。著有《一个女人的自传》等。

②　"思琦夫妇"即吴思琦、阮学文。吴思琦曾为在旧金山编办的《少年中国晨报》总编辑，该报停刊后，1955 年 3 月 1 日创办《自由中国日报》，任社长兼总编辑。该报以中国留学生为主要读者对象，两年后停刊。其妻阮学文，据查，"阮学文（1919 —？），安徽人，太原平民中学高中毕业，1938—1942 年就读中央政治大学教育系。后去美国加州留学，与吴思琦结婚后定居美国。发表有《今日中国的婚姻纠纷》等文"（陈思广：《中国现当代文学研究鉴识》，陕西师范大学出版社 2018 年版，第 78 页）。

③　远东即当地中国餐厅。大陆版《胡适日记全编》1956 年 11 月 25 日载："今天是杨韵卿（步伟）生日。张紫常、陈世骧、徐大春和我给她做生日，在远东楼吃饭。"

Nov. ［11 月］30 ［日］　　　　　　　（Fri.）［星期五］

C.H.Li 晚饭

Dec. ［12 月］

Dec. ［12 月］1 ［日］　　　　　　　（Sat.）［星期六］

12:15　李抱忱 [①] 来

247

Kerner Funeral ［寇纳丧礼］

苏尚济来

President Sproul ［史普罗校长］

T.K. [②]

---

　　① 李抱忱（1907—1979），毕业于北平燕京大学，我国早期合唱事业的领军人物。幼名宝珍、保真，笔名鲍座、疲兮。原籍北京，生于河北保定。1930 年毕业于北平燕京大学。后在北平育英中学任教，在这期间还积极参与推进北平大中学生的合唱活动。1935 年赴美，在欧柏林学院音乐系深造，1937 年获硕士学位。全民族抗日战争爆发后，曾在教育部音乐教育委员会任职，1941 年任国立音乐院教务主任，并代理院务。1944 年再度赴美，1948 年获哥伦比亚大学博士学位。后就任为耶鲁大学、国防语言学院、爱荷华大学教授。1972 年 9 月，定居台湾新店。曾出版《合唱指挥》《李抱忱歌曲集》《抗战歌曲集》《独唱曲集》《李抱忱音乐论文集》等著作。

　　② 即童世纲。

Dec.（12月）2［日］　　　　　　　（ Sun.)［星期日］

到 San Jose［圣荷西］

Dec.［12月］9［日］

暂韵卿留下

Dec.［12月］6［日］　　　　　　　（ Th.)［星期四］

7:00（China Tiffin Club）［中国蒂芬俱乐部］

（Davis Letter）［戴离斯・莱特］

Dec.［12月］7［日］　　　　　　　（ Fri.)［星期五］

陈受荣

房先生^① 可同去又可住（？）

Dec.［12月］8［日］　　　　　　　（ Sat.)［星期六］

Mr.& Mrs. Way［韦先生与夫人］（SF）

（Madeline Li）［马德林・李］

---

① 即房兆楹。房兆楹（Fang Chaoying，1908—1985），湖北人，国际知名的中国史专家，研究领域侧重于明清史和中国近代史。早年毕业于燕京大学数学系，入武昌文华图书馆专科学校，1930年毕业后，留学美国加州大学。自20世纪30年代即参加哈佛燕京学社引得编纂处的工作。先后在美国、澳大利亚等国的大型图书馆工作。著有《清末民初洋学学生题名录初辑》《中华民国人物传记辞典》等。

5:30—6:00　Mr. Way［韦先生］来接

Dec.［12 月］9［日］　　　　　　　（Sun.）［星期日］

上午 10:00　充和来接到他们家中写字①

4:45　100 Codornices Rd.［科多尼斯路］

5:30　Mrs. Gro Stewart［斯图尔特夫人］接我去见

Dorothy Whipple［桃乐丝・希博］

7（？）元任请 Lessing［莱辛］Christian［克里斯蒂安］等

Dec.［12 月］10［日］　　　　　　　（Monday）［星期一］

保之来早饭

12:30　谢劲健（来午饭）

与 Mrs.［夫人］

5:45　大春来

~~Chaney dinner（Mc.）at Faculty Club.~~［钱尼聚餐会在教职员俱乐部］

~~Canceled my phone~~［取消我的电话］

Dec.［12 月］11［日］　　　　　　　（Tues.）［星期二］

2:00　元任灌音

---

①　当天，"胡适为傅汉思、张充和夫妇写一首属《惜别》四首之四"（程巢父：《贯酸斋不是斋名》，《山西文学》2007 年第 5 期）。

~~Henry& Lucretia~~［亨利与柳克丽霞］

~~Grady~~［格雷迪］

Dec.［12 月］12［日］　　　　　　（Wed.）［星期三］

7:00　T.A. Song［宋］[1]

11:30 张小姐来

Dec.［12 月］13［日］　　　　　　（Th.）［星期四］

Class［上课］

9:00 P.M.［晚上］Fly east［飞东岸］

901/203

California St.［加利福尼亚街］※

&

Powell St.［鲍威尔街］

Y.R.Chao［赵］

1310 Landscape4–1474［电话号码］

T.C.Hsu［许］

Garf［卡夫］1–0377［电话号码］

Tuxedo［图斯多］5–4842［电话号码］（Home）［宅］

---

　　① 宋子安（1906—1969），海南省文昌市人，父亲是上海传教士及富商宋嘉树，母亲倪桂珍。宋氏家族六兄弟姊妹中的幼弟，兄宋子文、宋子良，姐宋霭龄、宋庆龄、宋美龄。1948 年任香港广州银行董事会主席，定居于美国旧金山。

K.S.Wang［王］

Th.-0340Th.-3-5508［电话号码］

T.K.Chang［陈］

551 Montgomery St.［蒙哥马利街］

Office［办公室］-Douglass［道格拉斯］2-7680［电话号码］

Home［宅］-Garf［卡夫］1-3854

Durant［杜兰特］-Thomwall（※）-5-5981［电话号码］

Mah 1449

Ash［阿什］-3-1572

"We must hope & hope till hope creates the object which contemplates."

Philosophy［哲学］-AsS.3-6000 13-436

Prof. Charles Arkin［查理·阿金教授］

Prof. Howard Ellis［霍华德·埃利斯教授］

Prof. Eric Bellguist［埃克 ※ 教授］

Prof. Puslci Restic Lifim［※ 教授］

Madeline［迈德林］Li［李］

254 Hearst Ave.［赫氏大道］

Iu-5-9125

Faculty Club［教职员俱乐部］

As-3-5678

杨日旭

86–4–8384

Un–

Frederick W. Mote［牟复礼］

Sawsahito–1570［电话号码？］

Burns［伯恩斯］

"Chinese lantern"［中国元宵］

Allegheny［阿勒格尼亚］

Ludlum Steel Corp.［卢德伦金属公司］

60 shares［股］

（NYC059145）

Rayonier Incorporated［瑞安公司］

75 shares［股］

（NYO.50687）

Smanthus 桂花（房家 [1] 有）

Buford［布佛德］:

"Japan's Decision to Surrender"［日本的投降决定］

（Stanford）［斯坦福］

Max［马克斯］

1256 Martin Ave.［马丁大道］

---

　　[1]　胡适在美国的房姓友人只有房兆楹，故而"房家"应为房兆楹家。

Paolo Alto［帕罗·阿尔托］

Davenport［达文波特］5-3498

Nov.［11 月］3［日］1956［年］①

James［詹姆斯］B. Cress［克里斯］

Harold［哈罗德］H. Fisher［菲舍尔］

Mayall M. Hamilton［梅尔·汉密尔顿］

Pioneer Inn［先锋旅馆］

Woodside［胡塞德］

"Whisky Hill Corner"［威士基山转角处］

Rothwell（His）［罗斯维尔（历史）］

Ban J. Page［帕奇］（Geor）［地理］

N.P. Moerdyke［摩尔独克］（Art）［美术］

"Ala"［阿拉］

（"Bulgur［布格］Wheat in rice form"［稻麦饭］）

陆 Yur-Chang Lu

"年青"

---

① 此条目应在前面 1956 年 11 月 3 日的日记里，但原文置于此处。

1957 年

Feb. ［2 月］

Feb. ［2 月］25 ［日］ （M.）［星期一］

（T.）［星期二］

Seattle ［西雅图］

Home ［宅］

Capital ［首府］–9（-）386 ［电话号码］

Office ［办公室］–Mich.［密西根］1051

黄启瑞[①]　台北市中山北路 2 段 48 巷 1 号

张世淦　　台湾大学

Agr. Eng. Dept. ［农业机械工程学系］

University of California ［加利福尼亚州立大学］

Davis，Calif. ［戴维斯，加利福尼亚州］

陈受荣

Stanford Davenport ［史丹佛·达文波特］

9411（上午十一至十二点）Local571 ［电话号码］

Home ［宅］：Davenport ［达文波特］2–2845

---

① 黄启瑞（1910—1976），字青萍，台湾台北人，祖籍福建南安，1910 年生。早岁赴日本留学，入京都帝国大学，1939 年回台湾。1948 年 2 月，任国民政府监察院审计部协审。1951 年，任台北市"议会议长"。1957 年 6 月，任台北市市长；10 月，被选为国民党第八届"候补中央执行委员""中央评议委员"，后任国民党"中央委员会"副秘书长、《军人之友》社理事长、台湾《中华日报》社董事长。

《宋僧传》八《神会传》

　　"上元元年，嘱别门人，避座皇空顶礼，归方丈其夜示灭。受生九十三岁矣。即建午月十三日也。迁塔于洛阳宝应寺，勅谧大师曰'真宗'。塔号'般若'焉。"①

刘安会 A.T.Liu

205 Mclear Ave.［马克利弗大道］

Highland Park 3［海阑帕克］

Michigan［密西根州］

A.T.Liu 刘安会

9 th Floor［九楼］

Giffel&Vallet Inc.［吉费尔与瓦利特公司］

Marquette Bldg.［马凯特大楼］

Congress at Wayne［两街道名称；街道交叉口］②

Detron，Michigan［底特律，密西根州］

沈学汶 Hsieh Wen Shen

沈宗濂 ③

1156 Miramonte Ave.［米拉蒙特大道］

---

　　①　原文有涂改，此节据赞宁《宋高僧传》卷八（载《大正藏》第 50 卷）校订。

　　②　原文如此。疑指国会大厦（Congress）和韦恩大楼（Wayne）的交叉口。

　　③　沈宗濂，毕业于美国哈佛大学经济系，曾任国民政府外交部总务司司长，后任职于蒋介石侍从室的军政部门。1946—1949 年，曾受命数次赴西藏，妥善解决西藏问题。

Los Altos，Calif.［洛斯拉图斯，加利福尼亚州］

Y07-4769

1959 年

TAIWAN

APPOINTMENT

DIARY 1959

JANUARY［1 月］

1 THURSDAY［星期四］

10:00　新年团拜①。在中山堂中正厅

6:00　祖望②家晚饭

2 FRIDAY［星期五］

3 SATURDAY［星期六］

12:00　林家③午饭，在阳明山中山路 113 号

4:00　本院同人新年团拜④

---

①　参加台湾地区领导人组织的团拜活动。

②　即胡适儿子胡祖望（1919—2005）。

③　可能指的是台北"中研院"数学所所长林致平家。

④　胡适在团拜席上有讲话，谈到汉学中心及太学、书院的历史等问题。（参阅胡颂平编著：《胡适之先生年谱长编初稿》第 8 册，台北联经出版事业公司 1984 年版，第 2798 页。）

7:00　张道藩①宴在立法院第六会议室

4　SUNDAY［星期日］

5　MONDAY［星期一］

7:00　黄仁霖②晚饭

6　TUESDAY［星期二］

7　WEDNESDAY［星期三］

12:30　沈锜③午饭在圆山饭店

7:30　在国际学舍为侨生讲演（信义路）④

---

①　张道藩（1897—1968），字卫之，本籍贵州盘县人（城关镇），毕业于伦敦大学学院。曾于1952年3月11日—1961年2月24日担任台湾"立法院"院长。

②　黄仁霖（1901—1983），江西安义人，中国国民党高级将领，曾任国民政府新生活运动促进总会总干事、联勤司令等职。1958年任台湾东吴大学董事长，次年任台湾"招商局"董事长。

③　沈锜（1917—2004），浙江德清人。1943年考取教育部公费留学资格派往巴拿勒斯印度教大学研究哲学文化，两年后撰博士学位论文《孔子与泰戈尔哲学之比较》，英文论文审查人为胡适。胡适任北大校长之初曾有通信。1949年后去台湾，任蒋介石英文秘书、台湾"行政院新闻局"局长兼"中央影业公司"董事长等职。

④　讲题是《一个人生观》，见1959年1月8日的台湾《新生报》《中央日报》。

Write "容忍" 文 ①

8　THURSDAY〔星期四〕

7:00　沈刚伯 ② 晚饭

5:30　金华街梅宅 ③ 谈话

9　FRIDAY〔星期五〕

7:00　钱思亮 ④、张兹闿晚饭在钱家

---

①　此文于 1959 年 3 月 12 日晨写成，题目为《容忍与自由》，刊于 1959 年 3 月 16 日出版的台湾《自由中国》第 20 卷第 6 期。

②　沈刚伯（1896—1977），湖北宜昌人。1924 年赴英入伦敦大学进修埃及学、英国史和宪政史。1926 年在伦敦结识胡适。翌年返国，历任武汉大学、中山大学、中央大学、金陵大学、东北大学、政治大学教授。1948 年应台湾大学之聘，任文学院院长兼历史学系主任。1950 年 12 月，代理台大校务。1954 年组织"中国历史学会"，被推举为第一届理事长。1957—1972 年，与李济共同主持"中国东亚学术研究计划委员会"。1970 年当选为台北"中研院"院士。

③　即梅贻琦宅邸。梅贻琦（1889—1962），号月涵，天津人。1909 年考取第一批庚款补助入美国沃斯特工科大学攻读电机工程。1914 年回清华任教，1931 年 12 月任清华大学校长，抗战中任西南联大常委。1945 年 5 月当选国民党六届中央执委，1948 年 12 月任教育部部长。1955 年 11 月由美国赴中国台湾。

④　钱思亮（1907—1983），浙江杭县人。1927 年毕业于天津南开中学，考入清华大学化学系，1931 年毕业。同年赴美入伊利诺伊大学化学系深造三年，先后获理学硕士及哲学博士学位。1934 年 8 月返国受聘为北京大学化学系教授。抗战初随校西迁，1945 年后返北大任教并兼化学系主任。1949 年初任台湾大学教授兼教务长，1951 年 3 月接任校长。1964 年当选台北"中研院"院士，1970 年 6 月转任院长。

3:00　董同龢 ① 陪同西门（语言学家）来访

10　SATURDAY［星期六］

4:00　陈之迈 ② 大使来谈

6:30　沈刚伯晚饭，青田街 5 巷 4 号

11　SUNDAY［星期日］

10:00　蔡孑民先生生辰纪念日 ③

12:00　祖望家午饭

---

① 董同龢（1911—1963），江苏如皋人。1932 年考入清华中文系，毕业后考入中研院史语所。1943 年后以《上古音韵表稿》一书获升为副研究员。抗战胜利后，以《广韵重纽试释》一文与周法高《广韵重纽的研究》获得中研院杨铨奖金。1949 年随所迁台升任研究员，兼台大中国文学系教授。1954 年在哈佛作访问学者，1959 年任西雅图华盛顿大学客座教授，1960 年任"中国东亚学术研究计划委员会"委员。

② 陈之迈（1908—1978），广东番禺人。1928 年毕业于清华大学，赴美留学，1934 年获哥伦比亚大学哲学博士学位。回国任母校政治系教授，加入独立评论社。后历任北京大学、南开大学、西南联大及中央政校教授。1939 年 11 月在重庆参加创办《新经济》半月刊，1944 年 6 月任中国驻美大使馆参事，1946 年任中国出席联合国善后救济总署副代表。1955 年任台湾当局驻菲律宾"大使"，1959 年任台湾当局驻澳大利亚"大使"。

③ 胡适在"蔡元培先生九十二岁生日纪念会"上报告蔡氏的生平历史（参见台北联经出版事业公司《胡适之先生年谱长编初稿》本日条及 1959 年 1 月 12 日台湾《中央日报》《新生报》）。

2:30 为左学椿、黄美玉［黄及时（黄纯青^①之公子）之四女公子］证婚，中山北路二段 181 号

12 MONDAY ［星期一］

3:00—4:00 齐世英^②先生来谈

4:00 赵元任到^③

---

① 黄纯青（1875—1956），字炳南，晚年号晴园老人，台北树林人，祖籍南安榕桥黄龙菌后乡。1945 年 10 月任台湾省农会理事长、土地银行及合作金库监察人、台湾文化协进会监事、台湾《国语日报》社董事长、台湾《新生报》设计委员等。当选第一届台湾省"参议员""省府顾问"、省通志馆主任委员。1949 年 3 月下旬，胡适送家眷抵台。当月 26 日，黄氏邀胡适到晴园做客。后来胡适回忆说："有一次，台湾的老学者黄纯青先生请我到他家去吃饭，他家父子特别把他们历年收藏的我的著作都陈列在一间房里，给我们客人看。黄老先生说，你的著作的收集在自由中国没有比我们家里更完备的了。我看了确实很感动，很感激。"（《胡适文存四部合印本自序》，《胡适文存》一集，台北远东版）。由于有此两代人的交往，胡适愿为第三代人证婚。

② 齐世英（1899—1987），祖籍山西太原，生于辽宁铁岭，字铁生。日本京都帝大哲学系肄业，曾游学德国。归国后先在沈阳教育界工作，后在东北军郭松龄部任文职，1926 年加入国民党，赴日本学习军事，其间曾为中日外交奔走。1929 年返国，应陈立夫之邀任中央政治委员会秘书，嗣迁委员，主持东北党务，并兼第六届中执委、国民参政会参政员，创办中山中学及《时与潮》杂志。1948 年 10 月，举家迁台。1953 年，因反对"电力加价"案被国民党开除党籍。其女即著有回忆录《巨流河》的齐邦媛。

③ 《赵元任年谱》1959 年载："元月 11 日……当晚即［自东京］乘'翠华'号飞机前往台湾。12 日上午 8 时 10 分，抵达台湾台北松山机场，在台湾的许多老熟人和亲友都到机场迎接，如胡适、郝更生夫妇、蒋梦麟、毛子水、傅斯年夫人、朱家骅和钱思亮等老朋友。"

6:30　梅校长 ① 晚饭在金华街

13　TUESDAY［星期二］

10:00　史语所同人在会议室欢迎赵元任先生，应邀讲话 ②

4:30　朱骝先 ③ 茶会 ④ 在同志会

7:00　钱校长 ⑤ 晚饭 ⑥

中研院院士

~~12:00　Haraldsen（赫乐逊）午饭~~

---

　① 即曾任清华大学校长的梅贻琦。

　② 《赵元任年谱》1959 年载："元月 13 日上午，'中研院'历史语言研究所举行元任回国欢迎会，李济主持会议，胡适以老友身份致词，并将一本《'中研院'历史语言研究集刊》第 29 册《庆祝赵元任先生六十五岁论文集》赠给赵元任。"

　③ 朱家骅（1893—1963），字骝先，浙江省湖州府吴兴县（今湖州市吴兴区）人，中国近代教育家、科学家、政治家，中国近代地质学的奠基人，中国现代化的先驱。1911 年，在上海同济德文医学校（今同济大学）就学，毕业后自费赴德国留学，入柏林矿科大学。1917 年回国，在北京大学教德文，后以教育部公费赴瑞士研究地质学，旋又转入德国柏林大学，获博士学位。1924 年回国之后，先后任北大地质系教授兼德文组主任、广东省政府委员兼民政厅厅长、广东省教育厅厅长、中央大学校长、国民政府教育部部长、国民政府交通部部长等职。1949 年赴台后，曾主持台北"中央研究院"的重建工作。

　④ 该茶会为欢迎赵元任而举办。

　⑤ 即钱思亮。

　⑥ 为欢迎赵元任而举办的晚宴。

14　WEDNESDAY［星期三］

　　上午　　Maurer［莫勒］^① 来访

　　下午 1 时 45 分　　Maurer 离台

　　3 时新闻局派员陪同 Sandis［桑迪斯］来访

　　7:00　　请赵先生及院士^② 等晚饭在心园

15　THURSDAY［星期四］

　　12:00　　Haraldson［赫乐逊］及史梅脱午饭

　　（Evening）［晚上］Cornell club#［康乃尔俱乐部］

---

　　① 　此人似为摩里斯·威廉（Maurice Wiliam，1881—? ），美国社会改良主义者。生于俄国工人家庭，9 岁时随父母移民美国纽约，当过牛奶场、印刷所工人和邮递公司保安员等。16 岁加入美国社会劳动党。1904 年入纽约牙医学院，1907 年毕业后即终身以牙医为业。第一次世界大战爆发后，对马克思主义由信仰到怀疑，1918—1919 年写成《历史的社会解释——马克思主义经济历史观批判》（亦译为《社会史观》——引者注），对马克思的历史唯物主义、剩余价值学说及阶级斗争学说提出批评，认为"马克思以物质为历史的重心是不对的，社会问题才是历史的重心，而社会问题中又以生存为重心，那才是合理"。1924 年孙中山演讲《三民主义》时赞赏其社会改良观点，认为"适与吾党主义若合符节"。1927 年获悉孙读过其书，并购读《三民主义》的英译本，从此对中国问题甚感兴趣。1932 年出版《孙中山与共产主义》，并与国民党当局关系密切，1936 年加入中国国民党。（张磊主编：《孙中山词典》，广东人民出版社 1994 年版，第 774—775 页。）1927 年胡适访美时告诉摩里斯·威廉，孙中山《三民主义》引用了后者的《社会史观》（*The Social Interpretation of History*）并受其影响。

　　② 　即赵元任和台北"中研院"院士。

16 FRIDAY［星期五］

17 SATURDAY［星期六］

李抱忱音乐会^① 在一女中

18 SUNDAY［星期日］

李抱忱音乐会在一女中

19 MONDAY［星期一］

20 TUESDAY［星期二］

21 WEDNESDAY［星期三］

7:00　钱思亮晚饭

22 THURSDAY［星期四］

7:00　堀内大使^② 晚饭在日本大使馆

---

① 台湾音乐界以举办"李抱忱音乐会"的方式欢迎赵元任。
② 指日本驻中国台湾"代表"堀内谦介。

23　FRIDAY［星期五］

7:00　管公度、戴运轨^①晚饭（在南昌路天长酒楼）

24　SATURDAY［星期六］

10:00　辅仁校友代表来^②（王绍桢）

---

①　戴运轨（1897—1982），字伸甫，出生于浙江奉化，物理学家、教育家。1927年毕业于日本京都帝国大学物理系，之后回国担任北平师范大学物理系教授；1928年担任中央大学物理系教授；1932年担任金陵大学物理系教授；1946年2月奉教育部之命，到台湾接收日据台北帝国大学。他将台北帝国大学改为台湾大学，出任教务长兼代理校长。同年8月，成立台湾大学物理系，兼任系主任。1956年参与筹建台湾清华大学，并创建了该校原子科学研究所。1958年参与筹建台湾"中央大学"，1962年创建了该校地球物理研究所，出任所长。1968年成立台湾"中央大学"理学院，出任院长。1973年自台湾"中央大学"退休后，受聘于台湾私立中国文化学院，任教授兼理学部主任、物理系名誉主任。中国文化学院改名中国文化大学后，任研究教授。

②　1959年1月21日，胡适在复吴祖坪、王绍桢信中说：

祖坪、绍桢先生：

承示"因有阐母校辅仁大学在台复校事宜"，两位先生要和我谈。关于这件事，我有两点要报告你们和辅大校友：

（一）我是民国十八年被推到校董的，三十年来，除校董会成立会之外，学校没有召开过一次会。天下没有这样三十年没有开过一次会而还可以自居校董的校董。

（二）我觉得台湾现在大学已太多了，所以不赞成再添设大学。我是北大的校长，但我从不主张北大复校。我是中国公学的校友，但我也从不主张中公复校。

这两点应该让诸位知道的。诸位要我谈的事，恐怕我没有什么好意见可以贡献给诸位。千万请原谅。

胡适　四八，一，廿一

这年1月24日，辅仁大学的校友王绍桢、吴祖坪、陈致平三人来访，仍请胡适担任辅大的校董，胡适婉言谢绝。

3:30　孙先生来谈

25　SUNDAY［星期日］

下午，施宏谟来谈

7:00　济之、刚伯①。心园

~~张隆延晚饭~~

26　MONDAY［星期一］

12:30　蓝荫鼎②午饭（中山北路一段53巷63号）

6:30　王贞明（？）晚饭＃在锦江

27　TUESDAY［星期二］

---

①　李济与沈刚伯是"中国东亚学术研究计划委员会"的主持人，他们联名邀宴，必是与研究计划有关之事宜。李济（1896—1979），字济之，湖北钟祥人，哈佛大学人类学博士。1929年任中研院史语所考古组主任，1948年当选中央研究院院士。1949年秋任台湾大学古人类学系教授兼系主任。1955年8月，任台北"中研院"史语所所长。1957年12月，暂代台北"中研院"院务。1959年任台湾"长期发展科学委员会"委员。

②　蓝荫鼎（1903—1979），生于台湾宜兰罗东，台湾知名画家，曾在1941年改名为石川秀夫。他曾师从石川钦一郎，著名作品有《养鸭人家》（1966年，伦敦剑桥美术馆收藏）。1971年欧洲艺术评论学会以及美国艺术评论学会，将他选入第一届世界十大水彩画家。有别于其他台湾画家，蓝荫鼎在20世纪60年代晚期到70年代，曾于台湾电视公司（台视）和中华电视公司（华视）出任要职。他在画作之外的文学作品，以《宗教与艺术》《艺术与人生》《鼎庐小语》这三本书最为知名，文章曾被收录于台湾地区中学教科书之中。

28 WEDNESDAY［星期三］

上午十一时，国大联谊会外交委员会凌君来访

6:30 P.M. 心园（主人）#

29 THURSDAY［星期四］

7:00 朱骝先晚饭在和平东路

30 FRIDAY［星期五］

九时霍宝树 ① 来访

上午十时张九如 ②、王德箴 ③ 来访

---

① 霍宝树（1895—1963），字亚民，广东新会人。曾任中国银行总管理处总稽核，1947年升任代理副总经理。1946年10月，出任行政院善后救济总署署长。1949年底辞卸中行代副总经理，被派驻华盛顿，任中国技术团主任兼国际货币基金中国候备理事。1959年筹备台湾"中华开发公司"，任总经理。

② 张九如（1895—1979），江苏武进人，别号救鲁，时任台湾地区立法机构"立法委员"。

③ 王德箴（1912—? ），女，江苏萧县（今属安徽）人。幼年，入南京第一女子师范附小。1929年春，考入天津第一女子中学高二。翌年，随父迁居北平，考入国立北平师范大学国文系。1932年冬，转入私立上海光华大学。1933年夏，转入南京国立中央大学中国文学系。1935年毕业，获文学士学位；同年，转入同校英文系三年级。两年后，再获文学士学位。全民族抗日战争爆发后，赴美国留学，入北卡罗来纳大学，攻英文。1939年，获硕士学位后，再入华盛顿公教大学政治研究所。1940年冬返国，执教国立广西大学。1943年赴重庆，任三民主义青年团女青年处文化组组长，并主编《女青年半月刊》。抗日战争胜利后，被选为江苏省临时参议员，并在国立政治大学任教授。1949年去台湾，任台湾"立法委员"，并兼任东吴大学教授。1967年，任台湾"中美文化经济协会"及"国民外交协会"理事。译有《唐人小说》《韩玉娘》《凤还巢》等。

11:00　去美国新闻处录音①。下午施友忠②先生来（？）#

午 3:30　　沈宗瀚③先生及 Mr.Dives（戴夫斯先生）来谈

5:00　约月涵、钱、李（？）#

31　SATURDAY［星期六］

①上午 10 时彭国栋先生来 #

② 12:00　杨树人④来午餐

③ Scott-Lecuit［斯科特］

------

①　2 月 12 日是林肯 150 周年诞辰纪念日。美国新闻处请胡适作 5—10 分钟的广播。为了这 5 分钟的演说，胡适花了一周的时间作准备。1 月 29 日上午，胡适赶写林肯 150 岁生日纪念的英文广播词。10 点半，英文稿脱稿，胡适让秘书胡颂平计时，对着讲稿试讲了几次。

②　施友忠（1902—2001），福建福州人，原籍福建福清。幼入培元小学、英华书院，后入福建协和大学哲学系，曾师从叶绍钧、郭绍虞。1926 年入燕京大学哲学系研究院，师从冯友兰、黄子通。后入美国南加州大学哲学研究所，获哲学博士学位。回国后，执教于云南大理民族文化书院。1945 年应美国华盛顿大学之聘，任中国哲学、文学、文化史教授。1959 年任台湾大学客座教授。

③　沈宗瀚（1895—1980），字海槎，号克难居士，浙江余姚人，农学家、作物遗传育种学家、农业行政管理专家。美国康奈尔大学博士，曾执教于金陵大学，任中央农业实验所所长、中国农村复兴委员会委员，对抗战大后方粮食生产等作出过特殊贡献。著有《中国农业资源》《中国各省小麦之适应区域》等。1954 年 9 月，沈氏以自传《克难苦学记》一书赠胡适并请作序，两人就此有书信往来。

④　杨树人，曾在台湾大学执教，1956 年应台北"中研院"院长朱家骅之邀，任台北"中研院"代理总干事兼评议会秘书，1958 年 4 月 10 日增选为台北"中研院"第三届聘任评议员，1959 年 2 月 1 日由台湾"长期发展科学委员会"聘任为执行秘书。

④ 6:00　在赵元任先生家 ① 晚饭。

⑤下午 8:00# 李抱忱主持三百人大合唱（《上山》《海韵》）②
在中山堂

FEBRUARY［2月］

1　Sunday［星期日］

上午 10:00　本院评议会 ③

---

①　"赵元任先生家"指的是赵元任在台湾讲学期间的寓所，即台北市福州路 20 号（台湾大学钱思亮校长公馆）。

②　据《赵元任年谱》载："（1959 年）元月 31 日，请元任参加在中山堂举行的音乐会，节目中有黄自的《长恨歌》、元任的《上山》（胡适作词）和《海韵》大合唱。音乐会结束后元任与胡适应邀上台讲话。"在这次成功举办的联合大合唱之后，李抱忱于 2 月 4 日请胡适题字，胡适题词为："明天绝早爬上最高峰去看那日出的奇景！四十年前的旧句子，在抱忱的指挥之下，在三百个青年人的合唱声里，就有很动人的力量了。"

③　1959 年 2 月 1 日（星期日）上午 10 点，胡适主持台北"中研院"评议会与台湾地区教育主管部门联席会议。出席评议员朱家骅、凌鸿勋及台湾"教育部部长"梅贻琦等 24 人，会议通过台湾《长期发展科学委员会组织章程》，并宣布"长期发展科学委员会"正式成立。中午，接着开"长期发展科学委员会"第一次成立会，推举胡适为主席，梅贻琦为副主席。设执行秘书一人，由杨树人担任。今后固定于每年 2 月及 8 月召开全体委员会，平时由主席或副主席临时召开。另推举王世杰、李济、李先闻、钱思亮、浦薛凤、李熙谋及杨树人为委员，任期两年。今后发展科学的实际工作将多在执行委员会及临时会议中推动。"科学委员会"设立各项专门委员会，其人选不限于"科学委员会"的委员。（参阅台北联经出版事业公司《胡适之先生年谱长编初稿》2 月 1 日条及 2 月 2 日台湾《中央日报》《新生报》）。

~~12:00~~ 居浩然午饭（浦城街 21 巷 11 号）

2　MONDAY［星期一］

2:30　Psycho. Warfare［心理战争］人员 Kline& Diron［克兰和第龙］？王雪艇同来？#

7:00　刘航琛[①] 晚饭在新生南路 1 段 143 巷 22 号

下午去台大医院（？）

3　TUESDAY［星期二］

12:00　江学珠[②] 午饭。在一女中会议室[③]

---

①　刘航琛（1896—1975），名宝远，字航琛，四川泸县人。1923 年北大法科经济系毕业。抗战前任四川省财政厅厅长兼省银行总经理。抗战中担任重庆金融工商界董事长。1942 年任粮食部政务次长，1946 年 5 月辞卸次长，重理金融工商事业。1948 年 1 月，当选为立法委员。1949 年 6 月，任经济部部长。同年 12 月，到香港处理资源委员会国外贸易事务。1950 年 1 月到台湾，辞部长职。

②　江学珠（1901—1988），毕业于北京女子高等师范学院，1920 年担任江苏省立松江女中校长。抗战时，在重庆创立一所国立师范学院，抗战胜利后，再次担任松江女中校长。1949 年去台湾，任台北第一高级女子中学校长，直到 1971 年退休。1959 年 2 月 3 日胡适日记："女一中校长江学珠邀午饭，有元任、韵卿、李抱忱。"（曹伯言整理：《胡适日记全编 8（1950—1962）》，安徽教育出版社 2001 年版，第 547 页。）

③　1959 年 2 月 3 日胡适日记："女一中校长江学珠邀午饭，有元任、韵卿、李抱忱。"［曹伯言整理：《胡适日记全编 8（1950—1962）》，安徽教育出版社 2001 年版，第 547 页。］

4 WEDNESDAY［星期三］

上午十时，武镛①来谒

下午去台大医院（？）

七时，赵元任先生宴

5 THURSDAY［星期四］

① 12:00　史语所公谯赵元任先生夫人

② 3:00　台大医院（外科）落成典礼②#

③ 5:30—7:00　Thompson［汤普森］鸡尾酒会在圆山饭店

④ 6:00　王雪艇晚饭（在长安东路）

6 FRIDAY［星期五］

小年夜（29）#

---

① 武镛（1911—1994），又名武震东，河北怀安县柴沟堡镇人，爱国将领武士敏将军的长子。1935年毕业于北京大学历史系，曾任宣化中学校长。后任国民政府中央银行监察处长、稽核处处长。1948年被选为"国大"代表，同年去台湾，任"国大"主席团成员、复兴纺织公司董事长、农村公司常务董事等职。1991年6月，回乡探亲，到山西长治市拜谒武士敏将军的陵墓，受到薄一波、程思远等国家领导人的接见。1959年2月4日胡适日记："北大毕业的武镛君，带了他父亲武士敏将军在民国三十年（1941）九月廿九日在太岳战死的事略来。他让我给武将军写一篇碑文。"［曹伯言整理：《胡适日记全编8（1950—1962）》，安徽教育出版社2001年版，第547页。］

② 台大医院（外科）落成典礼，邀请胡适剪彩，胡适在典礼上致词。

① 5:30—7: 00　International House Association 迎送会在国际学舍

② 6:30　唐嗣尧①晚饭（立法院）#

③ 7:00　祖望（淑昭②生日 阴历小年夜）#

7　SATURDAY［**星期六**］

大年夜（30）

10:00—10:30　马保之③来谈

7:00　钱校长④

---

① 唐嗣尧（1902—1989），河南人，寄居北京。毕业于北京大学，后留学国外，先后获哲学、文学博士学位。曾任北平世界科学社社长，主编《科学》《文史》之周刊、月刊及各种丛书。中华人民共和国成立前夕去台湾，恢复育英中学，任台湾地区"立法委员"。1965年，因谏蒋介石与大陆合作而被开除国民党党籍。

② 胡适长子胡祖望之妻曾淑昭。

③ 1959年2月7日胡适日记："今天是旧历的岁除日。上午，马保之来看我谈了一点钟。他说，外面人对于台大的森林，颇为误会。"［曹伯言整理:《胡适日记全编8（1950—1962）》，安徽教育出版社2001年版，第548页。］

④ 1959年2月7日胡适日记："晚上在钱思亮家过旧年。"［曹伯言整理:《胡适日记全编8（1950—1962）》，安徽教育出版社2001年版，第548页。］

7:30　李熙谋①在圆山饭店（有赵夫妇、梅、蒋等②先生）

8　SUNDAY［星期日］

初一

2—5　国大联谊会举行春节联欢（重庆南路一段 109 号）

9　MONDAY［星期一］

初二

10:00　长期发科会在清华大学台北办事处③开第一次会

---

① 李熙谋（1896—1975），字振吾，浙江嘉善人。麻省理工学院电机工程硕士，哈佛大学博士。执教于浙江大学、暨南大学，并兼暨大工学院院长、教务长。1941 年任交通大学教授兼重庆分校教务长。抗战胜利后回沪任交大教授兼上海市教育局副局长、代理局长。1953 年赴台，任台湾博物馆馆长。1955 年任台湾"行政院"原子能委员会委员兼执行秘书，1958 年任电子研究所所长，1959 年 2 月任台湾"长期发展科学委员会"执行委员。

② 指赵元任夫妇、梅贻琦、蒋梦麟。

③ 1959 年 2 月 9 日胡适日记："上午 10 点，到金华街 110［号］开科学委员会的执行委员会第一次会议。到会的有梅月涵、钱思亮、李济之、杨树人、李熙谋、浦薛凤、王雪艇和我八人。我们开会直到一点多钟才吃午饭。饭后又继续谈到三点半。成绩很好。"［曹伯言整理：《胡适日记全编 8（1950—1962）》，安徽教育出版社 2001 年版，第 549 页。］

6:00 刘真 ① 晚饭（福州街 11 号）

10　TUESDAY［星期二］

初三

9:30　王蔼芬 ②、徐芳 ③ 来拜年 ④

10:00　朱骝先来谈

7:30　陈副总晚饭（宴赵元任先生夫人）在信义路

---

① 刘真（1913—?），字白如，安徽凤台人。1947 年 7 月，当选国民党第六届候补中央执行委员。1948 年当选立法委员。从 1949年 4 月开始，担任台湾师范大学校长，奠定师范教育基础。1959 年 2月 9 日胡适日记："晚上到刘白如家吃饭，喝了不少的酒。主客是元任夫妇。"［曹伯言整理：《胡适日记全编 8（1950—1962）》，安徽教育出版社 2001 年版，第 549 页。］

② 王霭芬（1912—?），浙江萧山人。从孔德学校毕业后，考入北京大学西语系学习法语，1934 年毕业后赴法国留学，1936 年获巴黎大学文学院文学硕士。回国后，曾担任北平市政府外事处秘书，北平市党部专员、执行委员，北平市政府参议，北平市妇女抗日建国同盟会会长，北平市妇女教育促进会理事长，北平市妇女工作委员会总干事。1948 年被选为第一届全国普选立法委员会委员，为北平市当选的五名委员之一。1949 年去台湾，先后任台湾师范大学、淡江文理学院、中国文化学院及世界新闻专科学校教授。

③ 徐芳（1912—2008），字舟生，江苏无锡人。1931 年考入北京大学中国文学系，著有《徐芳诗文集》《中国新诗史》，编有《中国新诗选》等。

④ 1959 年 2 月 10 日胡适日记："许多人来拜年。骝先夫妇，及王霭芬等。"［曹伯言整理：《胡适日记全编 8（1950—1962）》，安徽教育出版社 2001 年版，第 550 页。］

11 WEDNESDAY［星期三］

初四

12 THURSDAY［星期四］

初五

上午，李叔明 ① 太太来访

7:30 To Wm.H.Draper ②

庄大使晚饭 ③

Philips 晚饭

---

① 李叔明（1900—1973），上海人。早年在中华书局编译所工作。1918 年，辞去中华书局职务，任意大利驻沪总领事梵氏秘书，梵氏届满周游欧美各国，随之前往。回国后，任杭州电厂总经理，兼中华书局常务董事。1936 年，任中央储蓄会经理。1941 年 7 月，任中华书局总经理。1945 年抗战胜利后，任中国农民银行常务董事兼总经理，兼四联总处理事，中国银行及申报馆、新闻报馆董事。1948 年，当选为中华书局董事兼总经理。1948 年后赴台居住。1964 年台湾中华书局股东会召开，仍当选为董事兼总经理。1967 年 8 月，被选为董事长。1959 年 2 月 12 日胡适日记："今天李叔明太太（从香港来）和他的女儿来看我。"［曹伯言整理：《胡适日记全编 8（1950—1962）》，安徽教育出版社 2001 年版，第 551 页。]

② Wm.H.Draper，指德雷珀代表团（W.H. 德雷珀为代表团团长）。

③ 1959 年 2 月 12 日胡适日记："晚上美国大使 Drumright（德拉赖特）宴请 Draper Mission（headed by Dr.Wm.H.Draper）［德雷珀代表团（W.H. 德雷珀为代表团团长）]，我被邀作陪。团员中有 Gen.Hull，M.Perelman（赫尔将军，帕累曼先生），皆可与谈。但他们都太忙。"［曹伯言整理：《胡适日记全编 8（1950—1962）》，安徽教育出版社 2001 年版，第 551 页。]

8:00   USHS［台北美国新闻处］Abe Lincoln in Illinois［亚伯·林在伊利诺斯州］（？）①

13   FRIDAY［星期五］

初六

14   SATURDAY［星期六］

初七

---

①   1959 年 2 月 12 日胡适日记："今天是林肯生日，一百五十年纪念，美国有大庆典。Voice of America（美国之音）要我作五分钟到十分钟的演说，我上月费了几天工夫，写了一篇讲词，原稿是英文我自己翻成中文，上月卅日录音寄华府。……今夜九点一刻本市中央广播电台广播我的国语演词。十点华府广播英文原词；十点半又从华府转 Manila（马尼拉）广播国语词。"［曹伯言整理：《胡适日记全编 8（1950—1962）》，安徽教育出版社 2001 年版，第 551 页。］

7:30　陈长桐 [1] 晚饭（在中山北路一段 83 巷 35 号）

15　SUNDAY [星期日]

初八

雷宝华 [2] 先生、太太及顾小姐 [3] 来谈（？）

---

[1]　陈长桐（1896—？），字庸孙，福州市螺洲镇人。1919 年毕业于清华学校，当年赴美留学，1921 年毕业于科罗拉多大学银行系，1923 年获纽约州立大学研究院银行（金融）学硕士学位。回国后曾执教于国立东南大学商科，后任国立中央大学商学院国际贸易科主任。1930 年任中国银行国外部营业部主任。1939 年曾赴仰光主持中国银行驻缅甸经理处工作。1941 年经宋子文提名、蒋介石允准，在缅甸仰光担任中国国防供应公司驻国外办事处代表，负责菲律宾、马来半岛国家、缅甸与印度范围的业务，主要负责处理抗战时中国租借美国军援物资的重要事务。抗战时期，出任财政部贸易委员会委员、军事委员会运输会议参事等，为宋子文得力助手之一，受到宋的好评。1949 年去台湾，长期担任台湾当局"驻世界银行常任代表"。后升任台湾"中国银行"副总经理、总经理，台湾"中央银行"副总裁，并兼任中国国民党"中央党务顾问"等职。

[2]　雷宝华（1893—1981），字孝实，原籍陕西安康，生于四川雅安。天津北洋大学矿冶系毕业。1918 年 6 月，李大钊等北大教授组织少年中国学会，他是这个学会的积极分子。后来又曾留学德国。后任河北北票煤矿总公司文书处与工务处处长、国立北洋工学院教务长兼工程学系教授、国防设计委员会专门委员、陕西省政府委员兼建设厅厅长、资源委员会专门委员、西昌行辕经济建设设计委员会主任委员、中央设计局设计委员等。1948 年赴台湾，担任台湾糖业公司总经理多年，并兼任台湾"行政院"设计委员会委员。

[3]　指台湾糖业公司总经理顾文霞。

11:30　陈启天^①来吃便饭

16　MONDAY［星期一］

初九

上午 10:00　任显群^②先生来（？）

7:00　金克和^③晚饭在潮州街 186 号

17　TUESDAY［星期二］

初十

10:00　法国世界通讯社 Robert Guillain［罗伯特·吉兰］来^④

---

①　陈启天（1893—1984），亦名声翊、国权、春森，笔名翊林、
明志，教育社会学家、政治活动家，湖北黄陂人。

②　任显群（1912—1975），生于江苏宜兴，曾任台湾省行政长
官公署交通厅厅长、台铁局局长及台湾省财政厅厅长。

③　金克和（1916—？），安徽全椒人。1939 年毕业于中央政治
学校大学部行政系。1946 年 8 月，任国民党北平市蒙部委员兼书记长。
曾兼任北平市参议员、北平市银行常务董事暨代理北平市商业银行董
事长。1949 年任财政部参事。赴台湾后，1951 年 1 月，任台湾"财
政部"钱币司司长，旋兼台湾"外汇贸易审议小组""华侨暨外国人
投资审议委员会"委员。1976 年 9 月，改任台湾农民银行董事长。任
职期间，兼任台湾政治大学、淡江文理学院教授。著作及论文有《国
家战略之经济因素概说》《金融业务经营要领》《经济发展与银行功
能》等。

④　1959 年 2 月 17 日胡适日记："法国'Le monde'（《世界报》）
驻东京记者 Robert Guillain（罗贝尔·吉兰）来谈。"［曹伯言整理：《胡
适日记全编 8（1950—1962）》，安徽教育出版社 2001 年版，第 553
页。］

4—5　招局茶会（？）中山堂堡垒厅 #

7:00　黄部长 ① 晚饭（重庆南路二段六巷 10）

18　THURSDAY［星期四］

9:30 派车接陈伯庄 ② #（建国南路 182 巷 4 号陈宗靖）

19　WEDNESDAY［星期三］

十二

5:00（改 7:00）　在金华街开会 ③

---

① 黄少谷（1901—1996），湖南南县人，北京师范大学教育系肄业。1924 年加入中国国民党，任《世界日报》编辑、总编辑。1927 年在李大钊的引荐下，赴西安在冯玉祥西北军任职，曾任国民革命军第二集团军总司令部处长、中将秘书长。1946 年任制宪国大代表。其后任国民党中央执行委员会常务委员、国民党中央宣传部部长。1949 年随国民党退居台湾，曾任台湾地区外事部门负责人等职。1959 年 2 月 17 日胡适日记："外交部黄少谷部长约 Eric Johnston（埃里克·约翰斯顿）晚饭，同席的有雪艇、月涵、曾虚白、曾约农、张丽门诸人。Johnston 先打电话要明天来看我。我看他的时间太紧，饭后到他的旅馆谈了一点钟。此君的谈锋很健。"［曹伯言整理:《胡适日记全编 8（1950—1962）》，安徽教育出版社 2001 年版，第 553 页。］

② 陈伯庄（1892—1960），原名延寿，广东番禺人。1910 年与胡适同船留美的同学，入读哥伦比亚大学学习工程。历任国民政府财政部煤油特税处处长（1927）、铁道部建设司司长（1928）、立法委员（1939）、资源委员会委员（1946）、京沪区铁路局局长（1949）等职务。晚年在香港创办《现代学术季刊》，著有《卅年存稿》。

③ 1959 年 2 月胡适任"科学会"主席，19 日胡适主持"科学会"第二次执行委员会，讨论会内设立的三个专门委员会的人选问题。

6:30　中国公学校友晚饭 ①（杭州南路陆军服务社）

20　FRIDAY［星期五］

十三

10:00　*Washington Post*［华盛顿邮报］Mr.and Mrs. Kuhn［孔恩先生夫人］来……Ferdinand［费迪南德］

4:00—4:30　约郑学稼 ② 来谈

---

①　查《胡适日记全编 8（1950—1962）》，1959 年 2 月 19 日胡适日记未提及"参加中国公学的联欢晚会"，但《胡适之先生年谱长编初稿》云："（1959 年 2 月 19 日）晚七时，参加中国公学的联欢晚会，先生在席上谈起当年在中公校长任内的种种掌故，也谈起他的老同学朱蒂煌游说袁世凯，觉得几十万人的流血而得到和平的统一，但后来袁世凯竟想起做皇帝了，他深深的忏悔后才去学佛的，编有两百万字的《法相辞典》。"（胡颂平编著：《胡适之先生年谱长编初稿》第 8 册，台北联经出版事业公司 1984 年版，第 2831 页。）

②　郑学稼（1906—1987），福建长乐县人。1929 年冬东南大学农学院毕业，曾出版畜牧书籍六种。1933 年赴日本研究日本史。1935年至 1943 年任复旦大学经济学院教授，1944 年任国防部外事局上校专员，1945 年任暨南大学教授。赴台后历任台湾大学、政治作战学校、政治大学东亚研究所教授。一生著译出版了近 70 部书，其中最为畅销的是《鲁迅正传》。1959 年 2 月 20 日胡适日记："郑学稼先生来谈了两三点钟。此君原是共产党，脱离了共产党已多年，他最注意中共的历史的资料。他很能写文章能运用资料。"［曹伯言整理：《胡适日记全编 8（1950—1962）》，安徽教育出版社 2001 年版，第 557 页。］

唐舜君^①女士（国大）

午饭有陈长桐夫妇刘航琛夫妇 –etc 约有七八大

改在 22 日中午

21　SATURDAY［星期六］

十四日

10:00　Hochster［奥奇斯塔］来

10:00—11:00　浦家麟^②来

24 日下午三时给史语所"学术讲论会"学术讲演（讲题？ ）

22　SUNDAY［星期日］

十五日

12:30　任夫妇、陈太太、刘太太、唐小姐等五人来吃午

---

①　唐舜君（1916—1996），北京人，毕业于国立北平艺术专科学校。1934 年，与雷嗣尚结婚。1937 年，全民族抗日战争爆发，随夫至南京，嗣又转入川湘各地。抗战胜利后，当选为行宪国民大会代表。中华人民共和国成立前夕去台湾，任台湾当局"国大代表"，并数度选入"主席团"。自幼爱好书画与戏剧，曾多次参加画展。（徐友春主编:《民国人物大辞典•上》，河北人民出版社 1991 年版，第 1326 页。）

②　浦家麟，台北远东图书公司老板，1953 年曾重印《胡适文存》。

饭。①

六时半　张昌华②（京华街 110）

23　MONDAY［星期一］

十六日

10:00　江一平③来谈

---

① 1959 年 2 月 22 日胡适日记："陈长桐夫人、刘航琛夫人、唐舜君女士、顾正秋女士来午饭。唐女士是志锜先生（字赞希）的女儿，志锐的侄女。光绪的珍妃、瑾妃都是她的姑母。当年志锜先生家在中老胡同，宋春舫曾介绍他和蔡孑民先生和我认识，我因此知道一点他们弟兄的事实。今天问舜君，她说她这一辈知道他们的历史已很少了，保存的史料更少。"［曹伯言整理：《胡适日记全编 8（1950—1962）》，安徽教育出版社 2001 年版，第 559 页。］

② 张昌华（1908—?　），江苏吴县人。1929 年毕业于清华大学，1932 年获康奈尔大学土木工程硕士学位。归国后在西北公路部门担任工程技术指导工作。1942 年任西南联大教授，同年创设华泰工程师事务所于昆明。1946 年创设华泰营造厂于昆明。1948 年随国防医学院去台湾。

③ 江一平（1898—1971），字颖君，浙江余杭人。青年时，入上海圣约翰大学，后转复旦大学、东吴大学，于 1922、1923 年先后毕业，获复旦大学文学士、东吴大学法学士学位，旋在上海公共租界会审公堂从事律师业务。1925 年五卅运动中，为爱国学生做辩护律师。1932 年被复旦大学授予名誉法学博士学位。曾任东吴大学法律学院议会法教授、复旦大学校董、上海法政大学校董、上海律师公会常委、上海公共租界工部局华人纳税会委员和董事等职。1949 年去台湾。

3—5　文史组院士资格审查会（在院）①

6:00　雷、成、端晚饭在自由中国社

24　TUESDAY［星期二］

Send wire to China Institute（annual meeting Feb, 26）

［致电中国协会（年会2月26日）］②

3:00　史语所学术讲论会（讲题未定）改在廿四日举行③

---

　　①　1959年2月23日胡适日记："下午，开院士第三组提名人审查会，开了三个钟头。"［曹伯言整理：《胡适日记全编8（1950—1962）》，安徽教育出版社2001年版，第559页。］

　　②　"China Institute"译为华美协进社。

　　③　胡适手稿日记本上将此记于2月23日，后将此特别画线注明在24日。1959年2月23日胡适日记："昨今雨天准备一点材料，到明天下午史语所'学术讲演会'的演讲。"［曹伯言整理：《胡适日记全编8（1950—1962）》，安徽教育出版社2001年版，第559页。］2月24日记："下午讲题《假历史与真历史》：用四百年《水经注》的研究史作说明的例子。"［曹伯言整理：《胡适日记全编8（1950—1962）》，安徽教育出版社2001年版，第560页。］

25　WEDNESDAY［星期三］

6:00　成舍我①、端木恺②、雷震③饭④（和平东路二段十八巷一号）#

---

① 成舍我（1898—1991），原名成勋，后名成平，舍我为其笔名。湖南湘乡人，生于南京下关。中国近代著名报人，在中国新闻史上享有很高声望与影响。从1913年始，他为安庆《民岩报》撰稿，到1988年在台北创办《台湾立报》，直至1991年去世，从事新闻业近77年。一生参与创办媒体、刊物近20家，直接创办12家，1952年由香港去台湾，执教于政治大学、台湾师范大学、东海大学。

② 端木恺（1903—1987），亦名端木铁恺，字铸秋，安徽当涂人。毕业于上海复旦大学政治系、东吴大学法科，留学美国密歇根大学，授法学博士。曾任南京中央军校军官教育团政治教官，安徽教育厅秘书、科长，省立安徽大学法学院院长，农矿部秘书、专门委员，复旦大学法学院院长，国立中央大学、东吴大学行政法教授，安徽民政厅厅长，国民参政会参政员等职。1969年接任台湾东吴大学校长。

③ 雷震（1897—1979），字儆寰，生于浙江长兴，祖籍河南罗山。1916年赴日本京都帝国大学留学，1917年加入中华革命党。1926年回到中国，曾任中学校长，随即转任国民政府法制局编审，为王世杰之部属。1932年担任中国国民党南京党代表大会主席团主席，1934年7月起担任国民政府教育部总务司司长。在抗日战争时期，获得蒋介石的信任和提拔，担任国民参政会副秘书长等职。1949年赴台湾。1960年，因极力主张成立反对党参与选举以制衡执政党，被台湾当局以"包庇匪谍、煽动叛乱"的罪名逮捕，判十年有期徒刑。1970年出狱。2002年9月4日台湾当局正式宣布为雷震冤案平反。

④ 在这段时间，胡适一般都是晚上和人聚餐，可断定此为晚饭。

26   THURSDAY ［星期四］

① 10:00   朱霖^① 来谈（太太同来）

② 下午 3—4   雷儆寰来

③ 7:00   骝先、熙谋请凌叔华^②（圆山饭店）#

27   FRIDAY ［星期五］

Dr.Lien 来午饭［林博士来午饭］

Dominican^③ National Independence（？）［多米尼加国家独立］

---

①   朱霖（1896—1967），字君复，原籍江苏宝山（今属上海），生于湖南长沙。1912 年，毕业于北京大学预科，旋赴美国留学，先后获康奈尔大学机械工程学士及麻省理工学院航空工程硕士学位，长期从事飞机研制工作。1943 年，调任航委会工业计划室主任。抗战胜利后，出任空军工业局局长。1948 年底，去台湾，任台湾"空军技术局"局长。1958 年，组建台湾"中国太空航行学会"并三度出任理事长，参加国际太空协会为团体会员，先后两度出席国际太空协会年会。1963 年 7 月，以"空军中将"身份退役。1959 年 2 月 26 日胡适日记："朱霖（字君复）中将同他的夫人熊芷来谈，在此同饭。"［曹伯言整理:《胡适日记全编 8（1950—1962）》，安徽教育出版社 2001 年版，第 560 页。］

②   凌叔华（1900—1990），别名凌瑞棠，生于北京。1922 年考入燕京大学预科，1923 年升入本科外文系，主修英文、法文和日文。大学期间开始发表文学作品。1926 年，从燕京大学外文系毕业，同年 7 月，与陈西滢（陈源）结婚，胡适为证婚人。从 1947 年开始，定居欧洲，任教于加拿大、英国等地。1972 年至 1981 年，先后五次回国，发表多篇优美文章赞颂祖国。著有短篇小说集《花之寺》《凌叔华短篇小说选》，散文集《爱山庐梦影》等。

③   即 The Dominican Republic，多米尼加共和国。

28 SATURDAY［星期六］

7:00 李顺卿^①先生（临沂街 61 巷 7）#

MARCH［3 月］

1 SUNDAY［星期日］

上午 10:00 民族所鲍克兰^②来

①祖望夫妇来（如果天气好）

②下午 3:10 Gregersen［格雷格森］^③自香港到达松山^④

---

① 李顺卿（1894—1972），字斡忱，又作斡臣，山东海阳人。1919 年毕业于南京金陵大学，获农林学士学位；同年留学美国耶鲁大学森林学院，后获林学硕士学位；再入美国芝加哥大学理学院，获植物学博士学位。毕业返国后，先后任河北大学农学院教授、国立北平大学农学院教授、系主任，国立北平师范大学教授、系主任、教务长、代理校长。1934 年 8 月，到省立安徽大学任教，被聘为理学院院长，并负责筹设农学院。1949 年去台湾，任台湾大学教授兼植物学系主任等。

② 鲍克兰（Beauclair），即鲍克兰夫人，台北"中研院"民族研究所研究员，研究台东县兰屿的雅美族文化多年。

③ Gregersen（格雷格森），哥伦比亚大学医学院院长，胡适与他以及美国总统艾森豪威尔有一张著名的合影（见《胡适晚年身影》）。台大医学院与哥伦比亚大学医学院的合作，也是胡适与此人商议接洽的结果。

④ 松山，即台湾松山机场。

③六时，杨锡仁晚饭[1]（青田街8巷7号）28092。公：41519

④ 7:30 （？）叶曙[2]先生（Gregersen［格雷格森］）在钱校长公馆

---

① 杨锡仁（1892—1974），江苏吴江人。早年入上海南洋中学读书，1913年参加第二批庚子赔款留美学生选拔考试并以第1名的成绩被录取。入哥伦比亚大学学习机械，梅贻琦为室友，获硕士学位。回国后，决心实业救国，在天津、上海等地开办工厂、开设洋行，参与"抵羊（"抵洋"的意思）牌毛线品牌的创立工作，并担任中国纺织建设公司的董事和国民政府经济部纺织事业治理委员会委员，成为当时工商界的知名人士。1949年赴美国，后赴台湾。1959年3月1日胡适日记："在杨锡仁家晚饭。这是1909和1910两年同考取留学美国现在台湾的人的 Reunion（团圆会）。一九〇九年有三人在台：梅贻琦、李鸣和戴修驹（病了不能来）。一九一〇年有六人在台：杨锡仁、赵元任、程远帆（原名运）、陈伯庄（原名延寿）、周象贤、胡适。我们这一班原高七十人，今天居然有六人在台聚会，可算难得。七十人中，杨君考第一，元任考第二，今皆在此。锡仁与我与象贤同舱，当日同舱者四人，其一人为王裕震，已故。"［曹伯言整理：《胡适日记全编8（1950—1962）》，安徽教育出版社2001年版，第563页。］
② 叶曙（1908—2004），字奕白，湖北蒲圻人。1938年获日本国立千叶医科博士学位。1943年任上海私立东南医学院病理学教授兼教务长。1946年任台湾大学病理学科教授兼主任，后任台北"中研院"评议员并被选为院士。1959年3月1日胡适日记："饭后到钱宅，参加欢迎 Magnus I.Gregersen（马格鲁斯·小格雷格森）夫妇的宴会。"［曹伯言整理：《胡适日记全编8（1950—1962）》，安徽教育出版社2001年版，第563页。］叶曙为此次宴会作陪者，格雷格森是应邀到台湾大学讲学并作学术交流的病理学家或医学专家。

2 MONDAY（[星期一]

3–4 Gregersen lecture［格雷格森演讲］？

~~7:00 C.T.Led 国防医学院童院长宴（延平南路 121 巷 4 号）~~

3 TUESDAY［星期二]

下午 4:00　瑞士某杂志编辑人来

3—4 Gregersen lecture［格雷格森演讲］？

6:30 黄杰^①饭（达云）安东街 213 号

8:00 宴教皇代表 Agagianian^②［雅静安］在台北宾馆

---

①　黄杰（1903—1996），字凭家，湖南长沙人。早年就读于长沙岳云中学、湖南省立第一中学。1924 年考入黄埔军校第一期。抗战时期，参加过淞沪会战、徐州会战、兰封会战、滇西缅北战役等。1953 年赴台湾后历任所谓"台北卫戍司令部司令""陆军总司令兼台湾防卫司令""总统府参军长""台湾警备总司令""台湾省主席""国防部部长""总统府战略顾问"等。台北联经出版事业公司《胡适之先生年谱长编初稿》1959 年 3 月 3 日载："晚上黄杰将军（警备总司令）家中吃饭，他送我们每位客人一册他的《海外羁情》，这是他自述他在 1949—1953 年间从湖南转战到安南境内，直到他带领三万多军民从越南回到台湾的经过。"

②　台北联经出版事业公司《胡适之先生年谱长编初稿》1959 年 3 月 3 日载："晚八时半，到教廷公使 Riberi 宴请 Cardinal Agagianian（教廷'传信部长'）的宴会。这位枢机大主教原是 American 能说十几种言语，很有才干。他来台湾游历了七天，明天就要走。"

4　WEDNESDAY［星期三］

12:00　李建兴[1]　午饭（欢宴琉球大学校长）在瑞三大楼

12:00　于右任[2]　午饭（悦宾楼，中正路 1635 号）

7:00　赵元任学术演讲会（国际学舍）[3]

5　THURESDAY［星期四］

11:00　沈先生来（沈鹤年，中山北路三段）[4]

---

① 李建兴（1891—1981），字绍唐，祖籍福建泉州，先祖迁台湾台北。1934 年，与诸弟创立端三矿业公司，承租三井公司所有矿场。1945 年出狱后代理瑞芳镇长；同年，加入中国国民党。1946 年 8 月，与台湾同胞组成"台湾光复致敬团"。1950 年 3 月，被聘为台湾省"政府顾问"；4 月，任台湾省"石炭调节委员会"主任委员。1961 年 2 月，任台湾"中央银行"理事。1974 年 6 月，荣获国际桂冠诗人，被授予马丁圣昆纪念桂冠。著有《台煤管制实况》《治矿五十年》《治矿心得》《绍唐文集》《绍唐诗存》《欧美吟草》《日本见闻记》等。（徐友春主编：《民国人物大辞典·上》，河北人民出版社 1991 年版，第 497 页。）

② 于右任（1879—1964），汉族，陕西三原人，祖籍泾阳斗口于村，中国近现代政治家、教育家、书法家。原名伯循，字诱人，尔后以"诱人"谐音"右任"为名；别署"骚心""髯翁"，晚年自号"太平老人"。早年是同盟会成员，长年在国民政府担任高级官员，是复旦大学、上海大学、国立西北农林专科学校（今西北农林科技大学）的创办人和复旦大学、私立南通大学校董等。

③ 《赵元任年谱》1959 年 3 月 4 日载："晚，给台大海外学生讲《海外语言与方言》，听众约 1000 人。"

④ 1959 年 3 月 5 日胡适日记："上午，沈鹤年来谈数学研究所刘登胜的留学问题。"［曹伯言整理：《胡适日记全编 8（1950—1962）》，安徽教育出版社 2001 年版，第 565 页。］

下午 4:00　雷儆寰 ① 来

7:00　关颂声 ② 晚饭（在新北投温泉路 #146）

6　FRIDAY［星期五］

2:30　信仰号油轮下水典礼（基隆市和岛）③

5:30—7:00　酒会（台北宾馆）

---

① 雷儆寰即雷震，他此行是向胡适报告因台湾《自由中国》刊登匿名投书而导致的陈怀琪控诉《自由中国》半月刊案。1959 年 3 月 5 日胡适日记："下午雷震先生来谈昨［前］天法庭上的情形。我给他一封信，转给《自由中国》半月刊的编辑委员会。我说，我们应检讨自己的编辑方法之不完善。（1）读者投书应该用真姓名，真地址，否则不给发表。其有不得不用假名者，原姓必须用姓名，真地址。（2）社论须署名，不发表不署名的社论。（3）不登不署真姓名的文字。（4）停止'短评'，如作短评，每条尾应署名。"［曹伯言整理：《胡适日记全编 8（1950—1962）》，安徽教育出版社 2001 年版，第 565—566 页。］

② 关颂声（1892—1961），字校声，生于天津，祖籍广东番禺。曾就读于上海圣约翰大学和清华学校，后入麻省理工学院建筑专业，复入哈佛研究院习市政管理。1920 年在天津创办基泰工程司，它是我国创办较早、影响最大的建筑设计事务所。1921 年，由基泰工程司设计的永利化学工业公司大楼建成，此举不但使长期把持我国建筑设计市场的洋人们为之震惊，也使中国建筑师从此扬眉吐气。1928 年，关颂声曾参加全国大学工学院分系科目表的起草和审查工作。他曾经是中国营造学社社员。曾任南京首都建设委员会工程组委员。1931 年九一八事变后，关颂声因拒绝任伪满洲国工程部部长而遭监禁，后经营救脱险返回上海。1949 年去台湾，曾任台湾建筑师公会理事长。

③ 1959 年 3 月 6 日胡适日记："今天殷台公司造的'信仰'号 Tanker（运油船）下水，Mrs. Gregersen（格利格森夫人）是 Sponsor（赞助者）。我没有去。"［曹伯言整理：《胡适日记全编 8（1950—1962）》，安徽教育出版社 2001 年版，第 566 页。］

8:00　晚饭（圆山饭店）

7　SATURDAY［星期六］

Rockwell[1]［洛克维尔］今天到，派车子去 10:00 A.M. 到 CUSA［美援会］

10:00　杨亮功[2]来谈

3:00　Rockwell［洛克维尔］来

4:00—6:00　侨务委员会茶会（？）

　　　　周元松弟兄晚饭，在祖望家

8　SUNDAY［星期日］

"萤桥" "Treasury Barbecu"［烤肉］厦门街底左转

---

①　1959 年 3 月 6 日胡适日记："Cornell('13)[康乃尔 (1913 年)] 同学 George H. Rockwell[奇治 · H. 洛克维尔] 夫妇避历过台湾，今日到台北祖去接他们，下午来南港看我。"［曹伯言整理：《胡适日记全编 8（1950—1962）》，安徽教育出版社 2001 年版，第 566 页。］

②　杨亮功（1897—1992），安徽巢县（今巢湖市）人。1920 年毕业于北京大学中文系，先后任天津女子师范教员、安徽省立一中校长。1922 年赴美国留学，两年后获斯坦福大学教育学硕士学位，1927 年获纽约大学哲学博士学位。回国后历任第五中山大学（今河南大学）教授兼文科主任、上海中国公学副校长、安徽大学校长、北京大学教育系主任，并任国民政府监察委员。1933 年，与厉麟似、陶行知等来自政学两界的知名人士在上海发起成立中国教育学会。1938 年调任皖赣监察使。1948 年复任安徽大学校长。1949 年赴台湾。1959 年，参与筹办创建逢甲大学。1968 年升任台湾"考试院"副院长，1973 年擢为院长。

7:30　Admiral Corke［海军上将科克］

中山北路武昌新村（？）蒋纬国①家

7:00　阳明山，Drumright②［美国驻华大使庄莱德］

9　MONDAY［星期一］

．2:30　国民大会代表欢迎于斌③代表，在师大礼堂

10　TUESDAY［星期二］

许自诚来（公卖局副局长）④

---

①　蒋纬国（1916—1997），幼名建镐，号念堂，蒋介石次子，蒋经国之弟，毕业于东吴大学。历任国民党"装甲兵部队处长、战车团团长""装甲兵司令部参谋长、副司令、司令""陆军指挥参谋大学副校长"等，对于军事战略研究颇有成果，被台湾军方奉为"军事战略学家"。著有《军事基本原理》《国家战略概论》《大战略概况》《柔性攻势》《国防体制概论》等。

②　1959年3月8日胡适日记："晚上去阳明山庄莱德大使处，见着George H. Rockwell（乔治·H.洛克韦尔）夫妇，Dr David Rowe（Yale）and Mr.& Mrs. Prescott［大卫·罗博士（耶鲁）和普雷斯柯特夫妇］。谈到十时半。"［曹伯言整理：《胡适日记全编8（1950—1962）》，安徽教育出版社2001年版，第567页。］

③　于斌（1901—1978），字冠五，号希岳，后改为野声，洗名保禄，黑龙江兰西人，曾任天主教南京总教区总主教、第二位华人枢机、天主教辅仁大学在台复校后首任校长等。1954年赴台湾，1960年任辅仁大学校长。

④　1959年3月10日胡适日记："公卖局许自成先生来谈。"［曹伯言整理：《胡适日记全编8（1950—1962）》，安徽教育出版社2001年版，第567页。］

下午 5:00—7:00　Gregersen［格雷格森］尾酒会

在 Liberty House［自由之家］

"总统"宴约旦国王，在"总统府"[1]　7:30 以前到达

~~6:30　黄季陆，雷法章晚饭（长春路合江街 17 巷 6 号）~~

~~7:00　沈宗瀚晚饭，在德惠街九一之三（答应在八时前到，不定吃饭）~~

11　WEDNESDAY［星期三］

10:00　李先闻[2] 来

4:45　Gregersen［格雷格森］起飞

---

　　① 1959 年 3 月 10 日胡适日记："'总统'宴约旦国王胡笙。"［曹伯言整理：《胡适日记全编 8（1950—1962）》，安徽教育出版社 2001 年版，第 567 页。］

　　② 李先闻（1902—1976），祖籍广东梅县，出生于重庆市江津县（原四川省江津县）。细胞遗传学家、作物育种学家、生物学家，中国植物细胞遗传学的奠基人。1923 年毕业于清华学校，获学士学位，并赴美国普渡大学园艺系继续求学。1926 年获得硕士学位后，进入康奈尔大学研究院，主修植物细胞遗传学。1929 年取得博士学位并回国，先后执教于国立中央大学农学院、东北大学生物系、北平大学农学院、清华大学等单位。1946 年，被聘为北京大学农学院教授兼农艺学系主任。1948 年 7 月当选为中央研究院首届院士。1948 年底赴台湾任职。1954 年受命筹建台北"中央研究院"植物研究所，并于 1962 年出任所长。1959 年 3 月 11 日胡适日记："李先闻、赵连芳同来，谈：1. 院士第二组（生物）提名事；2. 植物研究所事。"［曹伯言整理：《胡适日记全编 8（1950—1962）》，安徽教育出版社 2001 年版，第 568 页。］

12 THURSDAY［星期四］

10:00 A.M. Prof. David Rowe［大卫·罗教授］^①来谈

11:00 陈光甫^②先生来

3:30 陈伯庄来

3:00—5:00 《中央日报》迁台十周年纪念日在中山堂光复厅酒会

---

① 此人即饶大卫（Rowe，David Nelson，1905—1985），美国学者。1905年10月21日生于中国南京。父亲饶合理（Harry Fleming Rowe）1898年来华传教，曾任九江同文书院副校长兼神学教授、南京汇文书院圣道馆总教习。饶大卫1927年获普林斯顿大学学士学位，1935年获南加州大学文学硕士，1937年获芝加哥大学博士。1938年到北平在哈佛燕京学社洪业教授门下问学，后入燕京大学进修。同年夏返美，任普林斯顿大学远东问题讲师。1941年至1942年任美国战略情报局研究和分析部（Branch of Research and Analysis，Office of Strategic Services）主任之特别助理。同时在重庆任美国驻华大使特别助理。1945年后在耶鲁大学任政治学教授达30年之久。1985年6月3日，在美国亚利桑那州太阳城（Sun City）去世。著述甚丰。（王成志：《北美藏中国抗日战争历史档案文献提要》，复旦大学出版社2017年版，第216—217页。）胡适在给钱思亮的儿子钱三兴的信中，建议钱三兴追随饶大卫学习。［参见《致钱三兴（1960年2月18日）》，收入台北联经出版事业公司1984年出版的《胡适之先生年谱长编初稿》第9册。］

② 陈光甫（1881—1976），原名辉祖，后改辉德，字光甫，江苏镇江人。1909年获美国宾夕法尼亚州大学商学士学位。回国后，创造了中国金融史上的多个"第一"，在20世纪前半叶的中国有着举足轻重的影响，被誉为"中国最优秀的银行家""中国的摩根"。1947年任国民政府委员，并主管中央银行外汇平衡基金委员会。1948年当选立法委员。1954年定居台湾。1965年上海商业储蓄银行在台北复业，任董事长。

"副总统"宴约旦王，在三军俱乐部 7:30 以前到达

~~7:00　查良鉴晚饭（重庆南路一段 136 巷 #11）~~

~~7:00　周元松兄弟晚饭（在祖望家）~~　改期

13　FRIDAY［星期五］

3:00—4:00 张大千 [1] 来

钱校长乘 CAT［民航运输机］10:40 到

10:30　钱思亮回国

14　SATURDAY［星期六］

~~9:30　国大联谊会座谈会（妇女之家）~~改在十七日

11:00　戴德发（台北县长）来

6:30　雷法章 [2] 饭（合江街 17 巷 6 号）

---

①　张大千（1899—1983），原名正权，后改名爰，字季爰，号大千，别号大千居士、下里港人，斋名大风堂。四川内江人，祖籍广东番禺。中国著名泼墨画家、书法家。

②　雷法章（1903—1986），湖北汉川人，1921 年毕业于华中大学文学院教育系，旋即应聘入天津南开学校服务，任教务主任。1930年，应青岛市市长沈鸿烈之邀，转赴青岛任教育局局长。在职六年，建树良多。1937 年，雷法章开始随军转移，从事敌后工作，初任山东省政府委员兼秘书长，继又调兼民政厅厅长。1940 年，改任农林部政务次长。1942 年，调任内务部常务次长。抗战胜利后，转任浙江省政府委员兼秘书长。1946 年，又调任考试院秘书长。1950 年 6 月，复膺待命，出任台湾"铨叙部"（人事行政主管）部长、国民党"中央评议会"委员。

15 SUNDAY［星期日］)

10:00　吴相湘^① 来

祖望全家来吃午饭

~~3:00—5:30　欢迎于斌主教，在静心乐园（？）~~

16 MONDAY［星期一］

10:30　日本堀内谦介来，并参观各所

6:15　以前到祖望家

8:00　约旦王晚宴（7:30 到达圆山饭店）

17 TUESDAY［星期二］

洪煨莲^② 回国（"CAT"［民航运轮机］10:40 到）

3:00　国大联谊会座谈会，在青岛路妇女之家（？）

7:00　钱校长 For Wm.Hung（威廉·黄）#

---

①　吴相湘（1912—2007），湖南常德人，北京大学历史系毕业。曾入中央研究院历史语言研究所、北京故宫整理清宫及庚子拳乱史料。赴台湾后，任台湾大学历史系教授。主编有《中国现代史料丛书》《中国史学丛书》《民国史料丛刊》《乡村建设史料汇编》等，撰有《民国百人传》四册、《近代史事论丛》《历史与人物》等。

②　洪煨莲（1893—1980），福建闽侯人，原名业。1919 年获哥伦比亚大学文学硕士学位。1923 年起任燕京大学教授 23 年。1924 年受命与哈佛大学磋商，创立哈佛燕京学社。1946 年春，赴美国讲学。1948 年任哈佛燕京学社研究员。

18 WEDNESDAY [星期三]

6:00—7:30 堀内大使酒会

7:30 Haraldson [赫乐逊] 晚饭（94, Sung Chiang Rd）

[松江路]

19 THURSDAY [星期四]

10:00 刘季洪① 来

6:00 周元松弟兄② 在祖望家晚饭（此为第三次改时）

20 FRIDAY [星期五]

请洪煨莲先生在南港吃饭（？）

---

① 刘季洪（1903—1989），江苏丰县人。1925 年毕业于北京师范大学化学系，继赴美国华盛顿大学，获教育硕士学位。1930 年复获化学博士学位。归国后，历任湖南大学校长、河南大学校长、国民政府教育部秘书、教育部社会教育司司长、西北大学校长、国立西安图书馆筹备委员会主任委员、中国国民党第六届中央执行委员、制宪国民大会代表、行宪国民大会代表，兼任政治大学教育系主任等职。1949年去台湾，曾任中正书局总编辑、总经理、董事长，兼任台湾师范大学及政治大学教授、系主任。后任台湾政治大学校长等。著有《各国成人教育》《教育统计学》等。1959 年 3 月 19 日胡适日记："正中书局刘季洪来谈。"[曹伯言整理：《胡适日记全编 8（1950—1962）》，安徽教育出版社 2001 年版，第 570 页。]

② 1959 年 3 月 19 日胡适日记："鲤生的两个儿子（元松、小松）借祖宝家，请元任、雪艇和我晚饭。"[曹伯言整理：《胡适日记全编 8（1950—1962）》，安徽教育出版社 2001 年版，第 571 页。]

三时　蒋廷黻 ① 到（西北航空公司）

21　SATURDAY［星期六］

2:30　评议会 ②

22　SUNDAY［星期日］

---

①　蒋廷黻（1895—1965），字绶章，湖南邵阳人。1923 年获哥伦比亚大学博士学位，历任南开大学、清华大学历史学系教授。1932 年与胡适等创办《独立评论》。1935 年出任国民政府行政院政务处处长，1936 年任中国驻俄大使，1944 年任行政院善后救济总署署长，1947 年底任中国驻联合国常驻代表。1958 年当选台北"中央研究院"第三届院士。1959 年 3 月 20 日胡适日记："与李济之合请蒋廷黻、洪煨莲两先生晚饭，陪客的都是台湾的文史学者，共廿四人。廷黻今天下午到。我不舒服，故没有去接他。"［曹伯言整理：《胡适日记全编 8（1950—1962）》，安徽教育出版社 2001 年版，第 571 页。］

②　"评议会"即台北"中央研究院"评议会。1959 年 3 月 21 日胡适日记："中研评议会，我主持。""中央研究院昨（廿一）日下午二时半召开评议会投票决定四十七、四十八年度院士候选人，计数学、生物及人文组共二十九人。将于本年七月初举行院士会议时正式选举。昨日评议会，由胡适主持……"［曹伯言整理：《胡适日记全编 8（1950—1962）》，安徽教育出版社 2001 年版，第 571 页。］

10:00—10:30　何容^①、洪炎秋^②来

6:00　杨亮功晚饭^③（长安东路 52 巷 7 弄 3 号）

23　MONDAY［星期一］

7:30　黄部长^④晚饭（重庆南路二段六巷十号）

6:30—8:00　美使武官 Paul Godbey［保罗·戈德比］酒会

（US office open Mess T'ang Room）

［美国军人餐］

~~祖望生日~~

---

①　何容（1903—1990），原名何兆熊，字子祥，号谈易，笔名老谈。中国现代语言学的早期开拓者，台湾"国语运动"发起者之一。1929 年从北京大学英国文学系毕业后，曾在该校中文系任教。1946 年到台湾普及推广规范汉语工作，主编《台湾新生报·国语副刊》。1948 年，与洪炎秋合作创办台湾《国语日报》。

②　洪炎秋（1899—1980），原名槱，字炎秋，笔名芸苏。1929 年毕业于北京大学教育系。在北大求学时秋受教于沈尹默、朱希祖、周作人等。1931 年至 1945 年，在北京大学、北京师范大学任教。1946 年赴台湾，任台中师范学校校长。1948 年 10 月创办台湾《国语日报》，此后长期在台湾大学中文系任教。著作有《英文法比较》《比较研究日本语法精解》《文学概论》《语文杂谈》《洪炎秋自选集》及其他散文、儿童读物等数十种。

③　1959 年 3 月 22 日胡适日记："晚饭在杨亮功家。他太太自己做菜。"［曹伯言整理：《胡适日记全编 8（1950—1962）》，安徽教育出版社 2001 年版，第 572 页。］

④　即时任台湾地区外事部门负责人的黄少谷。

24 TUESDAY［星期二］

10:00 Mr Martine［马丁先生］来谈，参观各所

6:30　吴铸人^①饭 Tel.［电话］28702

（中山南路 13# 交通部招待所）

6:00—7:30　委瑞内拉公使 Luis A.Colmenares［路易斯·科尔梅拉雷斯］酒会，在台北宾馆

7:00　美大使（for Senator& Mrs. Alex Smith［参议员与艾列克·史密斯夫人］State Dept. 专管 China Desk）［国务院专管中国部门］#

25 WEDNESDAY［星期三］

9:00—9:30　Mr Stewart^②［斯图尔特先生］等来吃早饭

9:00　李先闻来

下午三时　分执行委员会，在金华街

---

①　吴铸人（1902—1984），字梦燕，安徽盱眙（今属江苏）人。北大生物系毕业，牛津大学农业经济硕士。国民党第六届中央委员、立法院立法委员、北平市党部主任委员，抵台后任台湾"立法委员"。

②　台北联经出版事业公司《胡适之先生年谱长编初稿》1959 年 3 月 25 日载："早上八点，Stewart 从松山机场下机后，直接到南港来看先生，同吃稀饭和包子，还有两碟小菜如咸豆等。先生用英文解释给他听。Stewart 对于中国的稀饭很欣赏，吃了一碗又添一碗，就在早餐席上，谈谈'中央研究院'迁台以后的情形。"

26　THURSDAY［星期四］

上午 10:00　孟真纪念日"清浊"（元任讲）①#

在台大医学院礼堂

4:00—5:00　美在华教育基金会开幕（在宁波西街 98 之 3）

7:00　李济晚饭，在台北本院

27　FRIDAY［星期五］

10:00　张继高（香港时报）来谈

3:00　Mc Carthy 同 H 来［迈卡西同……］

6:00　胡秋原②等来吃晚饭

---

①　台北联经出版事业公司《胡适之先生年谱长编初稿》1959 年
3 月 25 日载："上午，参加傅斯年生日纪念会。先生在致词中提起明
年就是傅孟真逝世十周年了，但他的全集错字之多，应该有个校勘的
工作。一面尽量收集他生前的书信，作一篇综合性的传记，能由几个
人分别来写才好。"

②　胡秋原（1910—2004），原名胡业崇，又名曾佑，笔名未明、
石明、冰禅，湖北省黄陂人，著名史学家、政论家和文学家。中国国
民党党员、台湾《中华杂志》发行人、台湾"中国统一联盟"名誉主
席，曾任上海东亚书局编辑、同济大学教授、《文化批判》《思索月
刊》总编辑、福建《民国日报》社长。生平著作达 100 多种、3000 余
万字。1989 年，美国传记学会将胡秋原列入《国际著名领袖人名录》，
并颁发奖状。2004 年 5 月 4 日，荣获"中华文艺终身成就奖"。

28　SATURDAY［星期六］

10:00　丁明达①来

4:00　杜呈祥、王德昭来谈②

8:00　New York Little Orchestra，中山堂［纽约小管弦乐队，中山堂］

29　SUNDAY［星期日］

10:00　蒋廷黻、李济之来

4:00　Hoffmann［霍夫曼］（铸人、霭芬同来）

5:30—7:00　R.M.Mc Carthy（Director，USIS）茶会（？）［美国新闻处迈卡西］

---

① 据台北联经出版事业公司《胡适之先生年谱长编初稿》1959年3月28日载："上午，丁明达来访。丁明达是丁文江的侄子。先生问了他们家里的近状很详细。"

② 详见《胡适之先生年谱长编初稿》1959年3月28日谈话内容（第8册，台北联经出版事业公司1984年版，第2866页）。

7:00　何世礼①、郑彦棻②晚饭，在信义路一段 #14

~~9:30~~　? 李先闻、赵连芳、梁序穆来谈，并在此午饭（？）#

30　MONDAY［星期一］

10:00　何世礼、胡秋五③来谈 #

31　TUESDAY［星期二］

11:30　到钱家，去医院看背上小瘤 #

---

①　何世礼（1906—1998），香港首富何东爵士之子，父系出自英籍荷兰犹太人，母系出自广东宝安县。自幼在英、法军事学院学炮兵，后以张学良侍从参谋起家，历任炮兵连、营、团长，赴美国堪萨斯州参谋大学深造。抗战期间，历任三战区炮兵指挥官、四战区兵站总监、驻港办事处主任，1944 年为联勤中将副司令。全面内战爆发后为范汉杰兵团副司令兼葫芦岛港口司令部司令、联勤司令部广州指挥所主任，1949 年任联勤代总司令。后去台湾，任台湾"东南补给区司令"、台湾地区防务部门次长、台湾"驻联合国军事代表团团长"。1962 年到香港接手家族产业，任香港《工商日报》董事。

②　郑彦棻（1902—1990），广东佛山人，早年留学法国。毕业后，曾任中山大学法学院教授兼院长。1945 年 5 月，任国民党第六届中央执行委员。1949 年任国民党"中央党部"秘书长。同年抵台，任台湾"侨务委员会主任""法务部部长"等。

③　台北联经出版事业公司《胡适之先生年谱长编初稿》1959 年 3 月 30 日载："何世礼、胡秋五来访。先生和他们谈谈甲子纪时的用处，又谈甲骨文第一个人开始注意的是《老残游记》的作者刘鹗。后来经董作宾、梁思永、李济的十五次发掘，现在甲骨文可以认得的约有两千字了。"

APRIL［4月］

1 WEDNESDAY［星期三］

3:00　执委会（金华街 110）

7:00　赵连芳^①宴（欢送元任先生）

2 THURSDAY［星期四］

3 FRIDAY［星期五］

7:00　土耳其大使欢迎土耳其国防部长茶会（？）

6:30　霭芬等（永康街 44 巷 #31）

---

① 赵连芳（1894—1968），号兰屏，河南罗山人。1949 年任台湾大学农学院稻作学教授兼农艺系主任，1958 年当选台北"中央研究院"院士兼植物研究所研究所研究员。

4 SATURDAY［星期六］

傅太太^①、毛子水^②先生来住两天^③

5 SUNDAY［星期日］

傅太太、毛子水来住

2:40　去美使馆（陈熊文）

3:00　去台大医院换药

5:00　刘太太来

~~上午 10:30　科学协进会讲演（法学院 ※）改在 19 日~~

~~12:30　程天放午饭（健乐园）~~

---

①　傅太太，指傅斯年的夫人俞大彩。

②　毛子水（1893—1988），名准，浙江江山人。1920 年入柏林大学研究史学和地理学，1930 年后历任中山大学、北京大学史学系教授、西南联大文学院教授和北大图书馆馆长。1949 年任台湾大学文学院教授、台湾《自由中国》杂志总编辑及《新时代》杂志主编。

③　台北联经出版事业公司《胡适之先生年谱长编初稿》1959 年 3 月 30 日载：

今天有给毛子水的信。

子水：

大彩说，这个"周末"（四月四日至五日）她要同你来我这里住两天。我盼望你们决定来，我十分高兴地欢迎你们来，千万不可叫我失望。

你们商量定何时要汽车来接，我就叫汪司机去。四月四日上午来，好吗？

适之四八、三、卅日上午

6 MONDAY ［星期一］

7:00   朱骝先晚饭（？），在同志会

7:00   尹仲容 [①] 晚饭（在武昌街二段 #116）

7 TUESDAY ［星期二］

~~11:00   台大医院作业治疗部落成典礼（？）~~

12:15   世界狮子会 [②]（英语演说），午餐在 FOCC.［中国之友社］

8 WEDNESDAY ［星期三］

10:00   （？）Admiral Mills［海军上将米尔］（国防部钟君同来）#

下午一时，西班牙代办午饭

3:30   医院

---

①   尹仲容（1903—1963），湖南邵阳人，1925 年毕业于交通大学。1954 年任台湾"经济部"部长，1957 年出任"经济安定委员会"秘书长。翌年"经安会"裁撤，转任"外汇贸易审议委员会"主委。同年，兼"美援运用委员会"副主委。次年又兼台湾银行董事长，代理台湾"中央银行"业务。

②   台北联经出版事业公司《胡适之先生年谱长编初稿》1959 年4 月 7 日载："中午，应狮子会分会的邀约，到中国之友社午餐，并作篇英文演讲。但等到讲演时，狮子会还没有找到翻译的人，所以先生就用中文讲了。"亦可参阅 1959 年 4 月 8 日台湾《联合报》。

7:00　罗家伦^①晚饭（潮州街 93 号）

9　THURSDAY［星期四］

10:00　赵叔诚^②来访

12:30　王太太午饭（？）博爱路 202 巷 5B 号

上午十时进台大医院

~~（？）10:00　Mr.Ral Mila（劳尔·米拉）~~

10　FRIDAY［星期五］

11:30　蒋廷黻返美，所乘西北航空公司飞机

7:00　国民参政会欢迎会（在立法院交谊厅）

7:00　施友忠代表 Washington Univ.［华盛顿大学］请客（健乐园）

---

①　罗家伦（1897—1969），字志希，浙江绍兴人。五四运动学生领袖之一。1920 年至 1926 年在美英德法等国留学，归国后参加北伐。曾任清华大学、中央大学校长，中国驻印度大使。1952 年任台湾"考试院"副院长，后改任台湾"国史馆"馆长。

②　赵叔诚，台北商务印书馆主持人。

11 SATURDAY［星期六］

10:00—10:30　小野教授（曾虚白① 同来）#

3:00　在金华街开会

17 FRIDAY［星期五］

亚伦博士乘西北班机到台湾

19 SUNDAY［星期日］

科学协会讲演

---

① 曾虚白（1895—1994），原名曾焘，字煦白，江苏常熟人。上海圣约翰大学毕业后，赴长沙湘雅医学院、雅礼大学任教授，后任金陵女子大学中国文学系主任等职。曾创办《真美善》杂志、《大晚报》等。1949年赴台湾定居。曾任政治大学新闻研究所所长、新闻系系主任、新闻通讯协会理事长等。著有《民意原理》《工业民主制度之理论与实施》《中国新闻史》等。其文学作品主要有长篇小说《德妹》《魔窟》《三棱》《潜炽的心》等，翻译的作品包括《鬼》《人生小讽刺》《色的热情》《娜娜》《欧美名家小说集》《目睹的苏俄》《英雄与英雄崇拜》《断桥》等。

25 SATURDAY［星期六］

7:00 梁序昭[1]、梁序穆[2]宴（大直，七海新村）海军洋人招待所

MAY［5月］

1 FRIDAY［星期五］

7:00 叶曙晚饭（宴 Coudry）［库尔德里］在钱家

2 SATURDAY［星期六］

6:00—7:30 庄大使欢迎 J.Graham Parsons［格拉汉姆·波森］在庄大使住所

3 SUNDAY［星期日］

10:30 Brode［布罗德］博士访问，在此中午便饭，并约（？）

---

① 梁序昭（1903—1978），福建闽侯人，毕业于烟台海军军官学校航海班。抗战期间，曾创办《海军内部战时通讯》，并带队赴美国受训。1949年赴台湾，任台湾"海军总部署长"，旋任"海军舰队训练司令"。1954年6月升任台湾"海军总司令"。

② 梁序穆（1913—？），福建福州人，山东大学理学士。抗战胜利后，赴美国入华盛顿大学医学院进修，获理学硕士及哲学博士学位。1956年，被聘为台北"中研院"评议员、研究员兼动物研究所筹备处主任，并任台湾"教育部"学术审议会委员、"国家科学委员会"研究员及咨议委员。

4　MONDAY［星期一］

　　3:00　到台大医院换药

5　TUESDAY［星期二］

　　10:00　教育部开会

　　12:30　Schmid［斯密特］^①午饭，圆山饭店

　　3:00　袁贻瑾^②来

　　4:00　中华科学理事会、中国自然科学会欢迎 Brode［布罗德］茶会

　　6:00　梅部长晚饭（钱校长家）

---

　　①　此人即许明德（Harry Schmid）。据当年在台湾地区教育主管部门任要职的浦薛凤回忆："当时教育美援，亦甚重要，盖彼方在台北，设有专任单位，每年经费为数相当巨大。美方主其事者为许明德先生（Harry C. Schmid）。"（浦薛凤:《浦薛凤回忆录》下册，黄山书社 2009 年版，第 84 页。）

　　②　袁贻瑾（1899—2003），字怀如，湖北咸宁人，中国公共卫生学的创始人之一。1917 年毕业于北平协和医学院。1930 年获霍普金斯大学卫生学院卫生学博士学位，1931 年获科学博士学位。1948 年 9 月，任卫生部政务次长。1949 年抵台。1953 年至 1959 年担任世界卫生组织派驻联合国儿童基金会医学主任、协同首席医学顾问。1960 年至 1963 年担任台湾大学公共卫生学访问教授、台湾大学医学院客座教授。1959 年 5 月 6 日胡适致李书华信："袁贻瑾先生在台北住了几天，来南港玩了半天。他年后可以退休，我们盼他能回来。"（胡颂平编著:《胡适之先生年谱长编初稿》第 8 册，台北联经出版事业公司 1984 年版，第 2892 页。）

6 WEDNESDAY［星期三］

10:30　梁序穆陪 Coudry［库尔德里］来参观，中午便饭，并约（？）

4:00　去台大医院换药

7 THURSDAY［星期四］

10:00　Miss Belen Abreu［贝伦·阿布鲁小姐］来（菲律宾麦氏基金专员）

7:00　钱校长晚饭

8 FRIDAY［星期五］

10:30　E.U.Coudry［库尔德里］约　　作陪（梁序穆陪来）

4:00　去台大医院换药

9 SATURDAY［星期六］

10:00　Robinson［鲁宾逊］（美国作家）来由新闻局廖先生陪同

5:00　为杨亮功二公子证婚（静心乐园）

10 SUNDAY［星期日］

陈伯庄来（可能在此吃午饭）

4:00—5:00　小野教授和太太来（曾虚白同来）

11 MONDAY［星期一］

11:00—11:30　全汉昇①陪同 Eckstein 及 D.Treadgolb［艾克斯坦及特雷德戈尔德］

3:20　台大医院换药

12 TUESDAY［星期二］

12:30　莫德惠②午饭（？）在木栅

5:30—7:30　Haraldson［赫乐逊］欢迎

Davis［戴维斯］夫妇茶会（圆山饭店）（？）

13 WEDNESDAY［星期三］

11:00　钱校长来，可能同吃午饭

3:00　在金华街开会（执委会）

6:00—7:30　Mc Carthy［迈卡西］欢迎

---

①　全汉昇（1912—2001），广东顺德人。曾任台北"中央研究院"总干事、院士及该院历史语言研究所研究员，台湾大学经济系教授兼系主任，香港中文大学教授、新亚书院院长、新亚研究所所长，曾应美国芝加哥大学、哥伦比亚大学、哈佛大学及日本东洋文库之邀，担任访问学者和研究员。其著作主要有《中国经济史论丛》《中国经济史研究》《汉冶萍公司史略》，专著有《元代的纸币》《明末清初反对西洋文化的言论》《韩国战争与远东经济》《中国行会制度史》等。

②　莫德惠（1883—1968），字柳忱，黑龙江双城人。曾任国民政府宪政督导委员会会长、国民政府委员以及台湾"考试院"院长等。

Hodge［霍奇］夫妇茶会^①（圆山饭店）

14 THURSDAY［星期四］

送花（蒋梦麟^②夫人周年）#

3:30　医院

5:00—7:30　中华开发信托公司酒会

15 FRIDAY［星期五］

上午陈光甫（？）

仔仔^③生日 #

---

①　台北联经出版事业公司《胡适之先生年谱长编初稿》1959 年
5 月 13 日载："晚上，参加 Mc Carthy 欢迎 Davis 的茶会。"

②　蒋梦麟（1886—1964），原名梦熊，字兆贤，号孟邻，浙江
余姚人。1912 年于加州大学伯克利分校教育学本科毕业，随后赴纽约
哥伦比亚大学研究院，师从杜威，并获得哲学及教育学博士学位。曾
任南京国民政府第一任教育部部长、行政院秘书长，也是迄今为止北
京大学历史上任职时间最长的校长。1949 年随国民党去台湾，主持
台湾"农业复兴委员会"。主要著作包括自传体作品《西潮》《新潮》
《谈学问》《中国教育原则之研究》等。

③　"仔仔"即胡祖望夫妇所生儿子胡复。胡适很疼爱这个独孙，
晚年日记、书信中反复提及。台北联经出版事业公司《胡适之先生年
谱长编初稿》1959 年 5 月 15 日载："今晨两点半，《注汉书的薛瓒》下
篇脱稿。文尾有先生的小记：……五月十五日早晨两点半，写完。今
天是我的孙子仔仔的四岁生日，我把这篇论文献给《清华学报》，祝
贺梅月涵先生七十岁生日，我盼望我的孙子也能像我老朋友一样的
长寿！"

16 SATURDAY [星期六]

10:00　台大海洋诗社同人十余人来访

~~10:00　雷儆寰来（可能同吃午饭）~~

11:30—12:30　美国海军医院参观（公园路）?

3:30　Mrs. Freidman [弗莱德曼夫人] 来

17 SUNDAY [星期日]

President of Columbia University [哥伦比亚大学校长] 电报

上午杨亮功来

4:00　中国广播公司邱楠、崔小平女士来谈

18 MONDAY [星期一]

10:00—11:00　陈光甫先生来 #

12:00　钱校长午饭

19 TUESDAY [星期二]

4:00　去台大医院换药

20　WEDNESDAY［星期三］

　　10:00　王济远来访①

　　11:00　沈怡②来便饭

　　5:00　雷、蒋、夏三位来谈

21　THURSDAY［星期四］

　　3:00　执行委员会在金华街开会

22　FRIDAY［星期五］

　　4:30　召集院士谈话会

---

　　①　台北联经出版事业公司《胡适之先生年谱长编初稿》1959 年
5 月 20 日载："上午，王济远来访，是由刘德铭、陶宝玉陪来的。王
济远在美国教人用毛笔画中国画，居然能够生活下去。他的太太顾淑
英女士已由大陆脱险，先到香港，再来台湾，他想把她接到美国去，
但须有人证明他们确是夫妇，才入境的。他请先生为他们证明，先生
答允了。"

　　②　沈怡（1901—1980），字君怡，浙江嘉兴人，德国德累斯顿
工业大学工业博士。1945 年任交通部政务次长。1946 年 11 月至 1948
年 12 月，调任南京特别市市长，兼任全国经济委员会所属公共工程
委员会主任委员。1960 年抵台湾，任台湾"交通部"部长。1968 年
任台湾当局驻巴西"大使"。1970 年 3 月改任台湾所谓"总统府""国
策"顾问。旋赴德国高校主讲水利工程课程。1974 年起，历任台湾
中国文化学院教授兼工学部主任及实业计划研究所主任、台湾"中
国工程师学会"理事长、台湾"中国土木工程学会"理事长及国民党
"中央评议委员"。著有《市政工程概论》《黄河年表》《黄河问题讨论
集》《沈怡自传》等。

23 SATURDAY［星期六］

美军顾问团职员及眷属来访（新闻局虞先生陪）

4:00　院务会议

24 SUNDAY［星期日］

12:00　中午，杜元载[①]饭，在工教大楼后杜宅

25 MONDAY［星期一］

4:15　到自由之家看王济远[②]

5:30—7:30　Haraldson 迎 James，送 Warren 茶会［赫乐逊迎詹姆斯，送沃沦］

6:00—8:00　Argentina's［阿根廷］纪念日酒会（台北宾馆）（圆山饭店）

---

① 杜元载（1905—1975），字赓之，湖南溆浦人。美国明尼苏达大学教育学硕士，美国私立西北大学法学博士。1928 年回国，历任河南大学、北平师范大学、北京大学、湖南大学、四川省立教育学院、中央大学、西南联大、西北大学等校的教授、系科主任、教务长、院长等职。1945 年 5 月，当选国民党第六届候补中央委员、中央委员。赴台湾后，历任台湾"考试院"考选部、"司法行政部"司长。1955 年专任台湾师范大学教授兼教务长，1957 年代理校长。

② 台北联经出版事业公司《胡适之先生年谱长编初稿》1959 年 5 月 25 日载："下午，先生带了图章到台北美国领事馆，为王济远、顾淑娱证明确是一对夫妇。"（亦可参阅 1959 年 5 月 23 日台湾《中央日报》）

26 TUESDAY［星期二］

10:00　大专自费留学考试委员会开会，在教育部

~~10:00　雷、蒋、夏三位来谈~~

7:30　马里兰州大学同学会酒会

晚饭在 MAAG［美军顾问团］

台大医院？

27 WEDNESDAY［星期三］

6:00　李玉阶娶儿媳，在静心乐园（不去）

28 THURSDAY［星期四］

4:00　苗培成来访 ①

上午 9:00—10:00　下午 7:00—8:00　季先生借车

---

① 《胡适之先生晚年谈话录》1959 年 5 月 28 日："下午，苗培成同阙明德来看先生。他们都会塑像的。他们看了李叔明塑的先生造像。先生说：'我曾被人做过三次造像，第一次塑像没有带回来，第二次做的人没有送给我，这是第三次，带回来了。'于是说明这次李叔明造像的经过。阙明德说：'听说总统为了他的造像，曾经发过两次脾气。因他听到一位外国人说，人活的时候，外国是不做样大的全身铜像的。总统说你们为什么不给国父造像，偏偏要做我的像呢？'阙明德因问先生：'活人造像，都是很小的，像这样大的全身铜像，活人是否可做？'先生说：'这个我倒不曾注意过。'阙明德又说：'造像是要把一个人的精神人格表现出来，特征多的人，好做。我想替先生塑个像。'先生说：'我的相很难画，因为我没有怪相。'先生说着，大家都笑了。先生又说：'现在我太忙，以后再说吧！'"（胡颂平编著：《胡适之先生晚年谈话录》，新星出版社 2006 年版，第 25—26 页。）

~~10:00   日本驻华大使来访①~~

29　FRIDAY［星期五］

9:30　蒋梦麟先生会（China Foundation）［中国基金会］

~~12:30   Mr.Dixen［迪克森］午饭，在松汪路 69 巷 1~~

12:30　"总统"午宴（中山堂）

4:00　师大华侨师资专修科学生约有三十位来访②

6:30　偕海洋学会同人吃晚饭，在台大校本部会议室

30　SATURDAY［星期六］

4:30　派车接祖望一家来谈③

---

①　日本新任驻台湾地区代表井口贞夫约定于该日（5 月 28 日）上午 10 点到南港对胡适作首次拜访。因台湾地区领导人办公室通知说，蒋介石也在该日上午接见胡适，故而胡适将与井口贞夫见面的时间改期。（详见台北联经出版事业公司《胡适之先生年谱长编初稿》相关条目。）

②　谈话内容详见：胡颂平编著:《胡适之先生晚年谈话录》，新星出版社 2006 年版，第 26—27 页。

③　台北联经出版事业公司《胡适之先生年谱长编初稿》1959 年 5 月 30 日载："五点，祖望夫妇带同孙儿仔仔来。媳妇曾淑昭将于明天带同仔仔到高雄坐船到美国去医治脚病。"

7:00　雷震、王世宪 [1] 晚饭

~~上午 9:00　国联谊会十三次干事会（？）~~

31　SUNDAY［星期日］

10:00　吴相湘兄来#，派车去接（？）

4:50　柴油快车自台北开（祖望太太离台北）

4:00—6:00　朱骝先茶会（泉州街同志会）

8:30　菲律宾音乐演奏会（？）

JUNE［6月］

1　MONDAY［星期一］

2　TUESDAY［星期二］

~~10:00　杨时进陪同成文秀（牧师）来访~~

------

① 王世宪（1908—1993），福建福州人。1931年，毕业于私立上海沪江大学。1937年，获美国南加州大学公共行政硕士学位；同年回国，任国民政府交通部专员，加入中国民主社会党。1947年，任立法院立法委员。中华人民共和国成立前夕赴台湾，任台湾"立法委员"，曾兼任东吴大学教授。历任台湾"考试院""经济部"职位分类推行委员会委员，甲种特考口试委员，"教育部"博士学位论文口试委员，"政大"硕士、博士学位论文口试委员，教授升等著作审查委员等。著有《人事管理》《美国会与政党》等。译有《美国文官制度》《计划经济与非计划经济》《经济计划与自由》《美国政治制度》《美国政党与政治》《美国外交政策内幕》等。（徐友春主编：《民国人物大辞典·上》，河北人民出版社1991年版，第82页。）

10:30　闵先生来

3:00　李玄伯①先生讲《由清世祖到清世宗中央政权形态的演变》（在会议室）

3　WEDNESDAY［星期三］

~~10:00　日本大使来访~~

下午 1:00　庄大使午饭，在中山北路 18, Chung-Shan

4:30　长期发展科学会在教育部开第一次茶会

第一会议室？　#

4　THURSDAY［星期四］

10:00　王蓝②先生 #

3:30—5:00　北京大学同学会茶会（中山路励志社）？

5:30—7:00　梅部长酒会（台北宾馆）

---

①　李宗侗（1895—1974），字玄伯，河北高阳人，毕业于法国巴黎大学。历任北大、北师大、中法大学教授。1927 年任国民政府全国注册局局长。1931 年 5 月，任故宫博物馆秘书长。抗战胜利后，任台湾大学教授、台北"中研院"通讯研究员。著有《中国古代社会研究》《中国社会史》《史学概要》《中国史学史》《春秋左传今注今释》《资治通鉴今注》等。

②　王蓝（1922—2003），笔名果之，河北阜城人，生于天津，在北平长大。红蓝出版社发行人，《笔汇》半月刊社社长。著有长篇小说《蓝与黑》《长夜》，短篇小说集《一颗永恒的星》等。

5   FRIDAY［星期五］

上午十点　殷海光[①]来（？）#

十一点　日本驻华大使来[②]

12:30　Mr.Dixon［迪克森先生］午饭

（#1，Lane 69，Sung Chiang Lu）［松江路］

6   SATURDAY［星期六］

4:00—6:00　工程师节茶会（？）

（~~UNIFORM~~）［~~制服~~］

6:00—7:30　菲律宾使馆招待该国陆空军参谋长茶会（？）

---

①　殷海光（1919—1969），原名福生，字海光，湖北黄冈人。曾从师于著名逻辑学家、哲学家金岳霖先生。西南联大毕业后，进入清华大学哲学研究所，曾在金陵大学任教。抗日战争爆发后，加入青年军。1949年到台湾，同年8月，进入台湾大学哲学系任教。曾任台湾《中央日报》《自由中国》主笔。他受罗素、哈耶克等人影响，所撰文章以科学方法、个人主义、民主启蒙精神为基准，被称为台湾自由主义开山人物。

②　据《胡适之先生年谱长编初稿》1959年6月5日载："日本大使井口贞夫偕中野义矩来作礼貌上的拜访，先生陪他们参观考古馆等处。"（胡颂平编著：《胡适之先生年谱长编初稿》第8册，台北联经出版事业公司1984年版，第2926页。）

7:00　魏景蒙 ①（中广公司经理）晚饭在新公固中广公司

7　SUNDAY［**星期日**］

11:00　祖望来同吃午饭

8　MONDAY［**星期一**］

3:00　梁实秋 ②、浦家麟来访

---

　　①　魏景蒙（1907—1982），浙江杭州人。曾就读于新亚书院，毕业于燕京大学。先后供职于天津《庸报》《明星报》，上海《时事新报》及英文《大陆报》。1942年曾陪同外国记者团赴延安考察。1945年出任国民党中央宣传部上海办事处主任，翌年转任行政院新闻局上海办事处处长。1949年赴台，任路透社特派员、台湾"中央通讯社"社长、英文《中国日报》发行人，1954年出任台湾"中国广播公司"总经理，一度兼任台湾电视公司筹备委员会主任委员。1972年再度调任台湾"中央通讯社"社长。1978年退休，受聘为台湾所谓"总统府""国策"顾问。

　　②　梁实秋（1903—1987），原名梁治华，字实秋，笔名子佳、秋郎、程淑等，浙江杭县（今杭州）人，出生于北京。1923年8月赴美留学，并取得哈佛大学文学硕士学位。1926年回国后，先后任教于东南大学、青岛大学。1949年到台湾，任台湾师范学院英语系教授。《胡适之先生年谱长编初稿》1959年6月6日载："下午，梁实秋、浦家麟来访。先生和梁实秋谈大陆上新出《红楼梦》本子上有曹雪芹小像的插图，完全是错的（参阅本谱四十九年十一月二十一夜条）。又谈梁实秋编的英文大字典的计划等。"（胡颂平编著：《胡适之先生年谱长编初稿》第8册，台北联经出版事业公司1984年版，第2928页。）

9 TUESDAY［星期二］

上午 朱骝先

（2:00—5:30 在院参观）

3:00 历史博学馆，南海路 31 号

4:00 （暂定）国际原子能总署（IAEA）Dr.Cairo［凯罗博士］来访（关于原子能的教育与训练事项负责人）

7:00 罗志希晚饭在潮州街 #93

10 WEDNESDAY［星期三］

10:00 （？）张希哲[①]（立法委员）来（？）

3:30—4:00 王霭芬与赵丽莲[②]来

---

① 张希哲（1918—？），广东省阳江县人。中央政治大学、三军大学、国防研究院和美国华盛顿州立大学研究所毕业。曾任国民党中央设计局研究员，广东省政府参事、顾问，政治大学和中国文化学院教授，逢甲工商学院院长，政治大学研究所教授，《中山日报》总主笔，《国民通讯社》社长，《广州日报》社长，《中华日报》常驻监察人，台湾地区教育主管部门专门委员、总务司司长，国民党知识青年党部主任委员、海工会委员、"中央设计考核委员会"委员。1993年被聘为台湾所谓"总统府""国策"顾问，1996 年 5 月获续聘。著有《计划政治与计划经济》《战后各国宪法趋势》《各国议会与政党》等。

② 赵丽莲（1896—1989），生于美国纽约，广东人。8 岁归国，就读于上海美国学校，1909 年赴德国学音乐，1915 年获莱比锡音乐学院硕士学位。初执教于广东女子高等师范学校，嗣任北京大学音乐传习所教授。1948 年定居台湾，任台湾师范大学、台湾大学教授。创办台湾《学生英语文摘》。1960 年由台湾"中广"转往教育电台开辟《赵丽莲英语时间》。

6:30   *Namru Two*[1]（美国海军医学第二研究单位）

　　　　　　　茶会（长安东路一段 #25）

7:30   法学院（※）#

11   THURSDAY［星期四］

5:00   Prof. Braibainti（Univ. of Duke）来（？）［杜克大学布莱拜堤教授来］

12   FRIDAY［星期五］

4:00   王洪钧来谈

6:00—7:30   黄部长[2]（为欢迎哥斯达黎加特使古第恩）酒会

13   SATURDAY［星期六］

~~9:00—10:00   张希哲（法委员）来（？）~~

10:00   Lipman［李普曼］来

3:30   专门委员会（？）在教育部

---

①　*Namru Two* 是 1959 年由 United States Naval Medical Research 所出版之刊物。在胡适故居英文藏书中存有此刊物，计有 13 期（本）。
②　即黄少谷。

14 SUNDAY ［星期日］

胡钟吾 [1] 茶会（中山堂集会室）

15 MONDAY ［星期一］

3:00—4:00　去台大看高院长

16 TUESDAY ［星期二］

10:00　西班牙代办来访

7:00　雪屏 [2] 家便饭 #

17 WEDNESDAY ［星期三］

6:00　伯庄饭 #

---

　　[1]　胡钟吾（1906—2005），安徽绩溪县荆州人。出生于商人家庭，父亲胡学汤，字商岩，青年时代弃儒就商，勤俭致富，热心公益事业。胡钟吾因家资殷厚，青年时代即外出求学，先后就读于上海大学、群治大学和广州中央农民运动讲习所，受教于于右任、谭祖庵、廖仲恺、毛泽东等贤师，尤为廖仲恺所器重。历任宣城县长、泾县县长、浙江省政府浙西行署高级参议、国大代表等职务。赴台后，继任父亲遗志，广收历代名家法帖，集王右军字，深得于右任赏识，其书法作品在中国港澳台地区和英、美、法、日等地颇受欢迎。

　　[2]　陈雪屏（1901—1999），江苏宜兴人。1926年毕业于北大哲学系，1927年获哥伦比亚大学心理学硕士学位。1932年回北京大学，先后任心理学系、教育学系教授、系主任及训导长。抗战中执教于西南联大。1945年5月，当选为国民党第六届中央执委。抵台后，任台湾省政府委员兼教育厅厅长、台湾大学教授、台湾"行政院"秘书长等职务。

9:00　执行委员会 #（在金华街）

18　THURSDAY［星期四］

王企祥来谈

~~陈伯庄来谈? 晚饭~~

19　FRIDAY［星期五］

10:00　马保之来谈

7:00　白建民 ① 先生（立法院）饭，立法院楼上接待室

~~伯庄来谈—晚饭?~~

20　SATURDAY［星期六］

4:00—5:00　雷儆寰来

21　SUNDAY［星期日］

12:30　Mr. Thompson［汤普森先生］来吃便饭

---

① 白建民（1902—1971），字瑞麟，宁夏银川人。毕业于军需学校第七期，先后任职于国民政府蒙藏委员会、西陲宣慰使署、冀察政务委员会。1948 年任立法院立法委员、立法院边政委员会委员。抵台后，任台湾"立法院"纪律委员会召集委员。

22 MONDAY［星期一］

中午，萧作梁^①先生来（午饭）

3:30　陈长桐、吴幼林（？）来谈

6:00—7:30　Mc Carthy［迈卡西］茶会（in honor of Miss Thebom）［接待西博小姐］在中国之友社（？）

~~东海大学讲演（？）~~

23 TUESDAY［星期二］

10:30　看越南公使

3:00　翁映庆^②来

24 WEDNESDAY［星期三］

10:00　李应兆、包德明^③来

6:00—7:30　泰国国庆节酒会（台北宾馆）？

---

① 萧作梁，生卒年待考，治中共党史的专家。

② 胡适日记原稿为"翁映庆"，程巢父疑为"翁兴庆"。经查，翁兴庆1959年并没有在台湾，故而不可能在此时拜访胡适。"翁映庆"生平待考。

③ 包德明（1913—），女，四川南溪人，毕业于北平大学经济系。抗战胜利后，在南京创立中华妇女福利社。1946年当选制宪国大代表，后任慈政实施促进委员会常务委员。1949年去台湾。1956年，与丈夫李应兆创办铭传女子商业专科学校。

25   THURSDAY［星期四］

9:30   Mr. R.I. Miller［米勒先生］（Asian Foundation［亚洲基金会］代表）来

7:00   晚饭（吴三连①、李万居②）保安街十一号新中华食堂

26   FRIDAY［星期五］

11:00   看日本大使

3:00   科学会在金华街开会

7:30   Patrick Judge［帕特里克·乔治］迎 Miller［米勒］

送 Thompson［汤普森］酒会在圆山饭店

27   SATURDAY［星期六］

10:00   马冼尘来

---

① 吴三连（1899—1988），字江雨，台南县学甲人，毕业于南京商科大学。毕业后入大阪《每日新闻》工作。抗战结束，协助滞留平、津台湾同乡 3000 余人返台。1947 年当选国大代表。1949 年派任台北市长，1951 年当选台北市长，1954 年卸任。后当选两届台湾省"议员"。1959 年参与台湾《自立晚报》的经营，任发行人。

② 李万居（1901—1966），台湾云林人。幼年在汉塾启蒙，青年时期赴中国大陆求学，在上海国民大学毕业后，又前往法国巴黎大学社会系攻读，在当地加入以民族主义为号召的中国青年党。毕业后到上海江南学院任教，抗日战争期间赴重庆，在国民政府任军事委员会国际问题研究组主任，协助组织台湾同盟会。1945 年随台湾行政长官公署赴台湾接收，1946 年当选第一届台湾参议会议员。1953 年台湾"议会"成立，连续当选四届台湾省"议员"。

10:30　Dixon［迪克森］来

28　SUNDAY［星期日］

10:00　旧庄国校 ① 校庆

10:30　王淦来谈

10:30　朱骝先来谈

12:30　梅先生在献堂午饭

29　MONDAY［星期一］

12:00　少谷家午饭

赵元任自日本乘 CAT 下午 2:25 到台北 ②

7:30　Haraldson［赫乐逊］晚饭（in honor of Schimd）［接待斯密特］

"松江路 94 号" RSVP 2861l ext367（已通知准到）

7:00　李济晚饭（？）

---

　　①　即旧庄国民学校，胡适曾促其建校，并于 1959 年 6 月 11 日、11 月 25 日先后两次向该校捐款。（详见台北联经出版事业公司《胡适之先生年谱长编初稿》。）

　　②　赵元任于一年前获得 Fulbright（富尔布赖特）基金资助，于 1959 年 4 月至 9 月到日本京都大学讲学。此次他把家人留在京都，独自到台出席台北"中研院"院士会，朱家骅夫妇、杨时逢、周法高等到机场迎接，住胡适家。（见赵新娜、黄培云编：《赵元任年谱》，商务印书馆 1998 年版。）

30 TUESDAY［星期二］

12:00   中国公学同学午饭（中园）

7:00   请院士晚饭在台北宾馆^①

~~12::30   王雪艇午饭~~

JULY［7 月］

1 WEDNESDAY［星期三］

7:30   "副总统"晚饭在阳明山^②

2 THURSDAY［星期四］

~~1:00   "总统"午饭^③~~

钱校长晚饭

---

① 胡适致与会院士的白话文请柬："我想请您吃晚饭。时间是六月三十日下午七时，地点是在台北宾馆。盼望您能来。"（6 月 29 日台湾《联合报》，转引自胡颂平编著：《胡适之先生年谱长编初稿》第 8 册，台北联经出版事业公司 1984 年版，第 2948—2949 页。）

② 是日上午 10:00，台北"中央研究院"举行第四次院士会议。出席院士 15 人，胡适为主席。陈诚设晚宴招待全体院士。胡适全天主持会议，故日记极简略。（见胡颂平编著：《胡适之先生年谱长编初稿》第 8 册，台北联经出版事业公司 1984 年版，第 2950—2952 页。）

③ 蒋介石暨夫人在阳明山官邸款待全体院士，陈诚、张群、梅贻琦等作陪。（见胡颂平编著：《胡适之先生年谱长编初稿》第 8 册，台北联经出版事业公司 1984 年版，第 2952 页。）

OCTOBER［10月］^①

15　THURSDAY［星期四］

3:00　杨树人^②约谈一小时

7:00　陈雪屏、钱思亮晚饭（新生南路3段22巷13号）

16　FRIDAY［星期五］

7:00　朱骝先晚饭（心园）

3:30　雷儆寰来谈

---

　　① 1959年元月1日迄7月2日的日记，大部分是秘书人员（胡颂平、王志维）从旁逐日记录，但基本上都经胡适过目。7月3日胡适离开台北赴美参加夏威夷大学主办的"东西方哲学讨论会"第三次会议，这本记事性的日记没有随身带走，亦无秘书随行，故止于7月2日。此后约缺三个半月，到他返回台北（10月14日）以后，才于10月15日开始续记。（程巢父识，2006年10月28日）

　　② 杨树人，生卒年不详，曾在台湾大学任教。朱家骅任台北"中研院"院长的后期，杨氏任台北"中研院"评议会秘书。胡适接任台北"中研院"院长之后，杨树人被聘为台湾"长期发展科学委员会"执行秘书。《胡适之先生年谱长编初稿》1959年1月9日载："下午三时，杨树人来谈。杨树人是'中央研究院'评议会的秘书，先生是评议会的评议长。这时酝酿中的'国家长期发展科学委员会'即将成立，成立后的主任委员由'中央研究院'院长兼评议长担任，副主任委员由'教育部'部长担任。先生因和杨树人谈了一些长期发展科学的长期计划，请他担任执行秘书，杨树人答应帮忙。"（胡颂平编著：《胡适之先生年谱长编初稿》第8册，台北联经出版事业公司1984年版，第2802页。）

17 SATURDAY［星期六］

10:00　院务会议

下午三时半　科学会（金华街）

十七日起至廿六日　台湾艺术馆举行联合西画展

18 SUNDAY［星期日］

10:00　王企祥来

5:00—7:00　Roy E. James［罗伊·詹姆斯］酒会（圆山饭店）

Mr. Senator Hiram Fong［参议员邝友良议^①］

19 MONDAY［星期一］

朱骝先太太生日（永康街 31 巷 22 号刘家）#

理发 #

7:30　韩国大使晚饭（自由之家）

8:00　Hiram Fong（邝友良）演说

20 TUESDAY［星期二］

上午 10:00　Dewey Centennial［杜威百年纪念］演说（师

---

①　邝友良（1906—2004），祖籍广东珠海，出生于美国檀香山的贫民区，美籍华裔商人、政治家，美国首位华裔国会参议员，同时也是第一位参与美国总统竞选的亚裔美国人。

大礼堂）①

2:00—5:00 生物学家 Mr. Cox［考克斯］（Nat. Science Foundation）［国家科学基金会］来院参观

4:00—6:00　杜威著作展览（国际学舍）

8:00　庄大使晚饭（中山北路）

21　WEDNESDAY［星期三］

上午 10:00　第七届华侨庆祝大会（中山堂）

9:00　出席立法院②

3:30　Dr. Cox［考克斯］、Mr. Cogie［科吉］来

4:00　华侨节茶会（台北宾馆）

---

① 《胡适之先生年谱长编初稿》1959 年 10 月 20 日载："今天是杜威百年生日纪念。上午十时，先生应中国教育学会、中国哲学会、中华美协进社台北分社的邀请，在师范大学礼堂发表演说，阐述杜威的哲学思想。……先生又到国际学舍，在杜威著作展览会的茶会上致词，简述杜威思想。参加茶会的中外教育学术界人士百多人。"（胡颂平编著：《胡适之先生年谱长编初稿》第 8 册，台北联经出版事业公司 1984 年版，第 3000、3002 页。亦可参阅曹伯言整理：《胡适日记全编》第 8 册，安徽教育出版社 2001 年版，第 574—575 页。）

② 《胡适之先生年谱长编初稿》1959 年 10 月 21 日载："上午九时，先生出席'立法院'预算教育两委员会联席会议，说明'长期发展科学计划'。"（胡颂平编著：《胡适之先生年谱长编初稿》第 8 册，台北联经出版事业公司 1984 年版，第 3002 页。）

22　THURSDAY［星期四］

2:30　Harry C. Schmid［哈里·施密德］[①]、李熙谋来[②]

23　FRIDAY［星期五］

4:00—5:30　于院长[③]茶会（监察院）

6:30　（？）夏涛声[④]等十一人（地点？）

木栅埤腹路七十一号之六

---

① Harry C. Schmid［哈里·施密德］，应作 Harry Schmid［许明德］。

② 《胡适日记全编》1959 年 10 月 22 日载："下午，安全分署的 Harry Schmid 与李熙谋次长来谈。李济之先生也来参加。"（曹伯言整理：《胡适日记全编》第 8 册，安徽教育出版社 2001 年版，第 578 页。）

③ 即时任台湾"监察院"院长的于右任。

④ 夏涛声（1900—1968），原名蔡如，字涛声，安徽怀宁人。北京大学政治系毕业，加入中国青年党，任中央常务委员兼政治部部长、组织部部长，历任福建莆田县县长、行政院参事、台湾省行政长官公署宣传委员会主任委员、国大代表、立法院立法委员。赴台后，专任台湾"立法委员"。1950 年创办《民主潮》半月刊，其后与雷震及《自由中国》杂志社联系密切，参与创立台湾"中国地方自治研究会"。1960 年参与组建新反对党，成立台湾"中国民主党筹备会"，任召集委员。1961 年后停止政治活动，辞《民主潮》发行人职务，在家养病。

24 SATURDAY [星期六]

10:00   监察委员张国柱 [①]、张维翰 [②] 来

12:00   杨亮功来吃午饭

5:00—7:00   朱骝先酒会（联合国日）

25 SUNDAY [星期日]

10:00   去钱校长家 [③]

2:30   黄少谷家

4:00—5:00   王大闳来，请改在 5:00（？）

---

① 张国柱（1904—1996），字砥亭，察哈尔怀安（今属河北）人，毕业于国立北洋大学。抗战胜利后，任行政院善后救济总署专门委员暨冀热平津分署主任秘书，创办天津《民主导报》。1948 年当选监察院监察委员。1949 年去台湾，任台湾"监察委员""资政委员"、高级顾问、"中央评议委员会"委员。1977 年倡议创办了《察哈尔文献》会刊，在沟通台湾游子与家乡发展文化交流等方面起到了积极作用。1989 年赴美国休斯顿定居。

② 张维翰（1886—1979），字季勋，号莼沤，云南省昭通府大关厅（今昭通市大关县）人。曾参加辛亥革命和护国运动。先后任四川督军公署秘书长、云南省政府民政厅长、云贵区监察行署委员等职务。1950 年，赴台湾。历任中国国民党"中央纪律委员会"委员、"政策委员会"委员、"中央评议委员会"委员。

③《胡适之先生年谱长编初稿》1959 年 10 月 25 日载："上午，先生接到泰勒的信，因约梅贻琦、沈刚伯、李济等在钱思亮家商谈美国加州大学远东研究所和我们合作的计划。"（胡颂平编著：《胡适之先生年谱长编初稿》第 8 册，台北联经出版事业公司 1984 年版，第 3006 页。）

26   MONDAY ［星期一］

11:00   送济之兄 ①

5:00   程天放来 ②

6:00—7:30   越南国庆节酒会，在台北宾馆

28   WEDNESDAY ［星期三］

7 时，袁守谦 ③ 晚饭（温州街 13 号）

29   THURSDAY ［星期四］

1:00   Dixon［迪克森］松江路 69 巷 1#

6:00   胡光麃 ④ 晚饭（金山街 21 巷 14 号）

---

① 《胡适日记全编》1959 年 10 月 26 日载："上午十一点，到机场送济之夫妇去美。晚报登出这一消息。"（曹伯言整理：《胡适日记全编》第 8 册，安徽教育出版社 2001 年版，第 579 页。）

② 《胡适日记全编》1959 年 10 月 26 日载："程天放先生来谈他的新书《美国论》的几个结论。"（曹伯言整理：《胡适日记全编》第 8 册，安徽教育出版社 2001 年版，第 579 页。）

③ 袁守谦（1904—1992），字企止，湖南省长沙人，黄埔军校第一期毕业。1932 年参与发起组织复兴社特务处，1937 年晋升国民革命军陆军少将，时任军事委员会政训处副处长。1945 年晋升国民革命军陆军中将，时任军委会建军导报社社长兼中央执行委员会委员。1949 年赴台湾，任台湾"国防部"政务次长、台湾"行政院"政务委员兼"交通部"部长、台湾交通银行董事长等职务。

④ 胡光麃（1897—1993），号叔潜，四川广安人。1920 年举业于麻省理工学院。1931 年返回四川，从事西南实业建设。1947 年建立扬子木材厂。1949 年在台北市高雄设立新厂，1954 年代表扬子公司与美海军部签约，承造 10 艘登陆艇。

7:30　吉林路 98 巷 1 号

Schmid［施密德］夫人生日 Home Party［家庭聚会］

30　FRIDAY［星期五］

10:30　桂中枢 [①]、张国兴来

7:00　日本大使晚饭

31　SATURDAY［星期六］

9:00　袁眹 [②] 来

10:00　鲍克兰来

---

① 桂中枢（1895—1987），四川开县（今重庆开州区）人。清华大学毕业后，留学美国，后侨居美国 30 多年，曾在耶鲁大学教授国际问题。20 世纪 50 年代回到中国香港，专门从事中文电脑应用的研究，先后研究出中文电脑传播机、中文电脑速记系统、第一部中文照相排字机、汉字号码机等。80 年代初，香港中文大学出版了其著的《汉字号码机》，亚洲中文研究所出版了其编著的《中文检播字典》。桂中枢还是一位热爱祖国的诗人，曾著有《待旦楼诗词稿》，其中的《七七欢庆胜利》《忆江南·思乡》等诗词在香港《华侨日报》上刊出后，获得各界赞誉。80 年代中期，桂中枢又积极为香港回归祖国奔走，1987 年病逝于香港，终年 92 岁。（《中国长江三峡大辞典》编委会编：《中国长江三峡大辞典》，湖北少年儿童出版社 1995 年版，第 119 页。）

② 《胡适日记全编》1959 年 10 月 31 日载："早上有一位叫卖芝麻饼的朋友袁眹来谈。"（曹伯言整理：《胡适日记全编》第 8 册，安徽教育出版社 2001 年版，第 583 页。）

4:00 《中华日报》甘先生^① 来

NOVEMBER［11 月］

1 SUNDAY［星期日］

上午 9:30 科学委员会大会（本院）

下午 3:00 评议会（本院）

2 MONDAY［星期一］

3:00 菲律宾大学

7:30 McLaughlin［麦克劳夫伦］晚饭 to meet Auchicloss［去见奥金克洛斯］（圆山饭店）

3 TUESDAY［星期二］

4:15 金德曼（Rindermann）来

---

① "甘先生"指甘立德。1959 年 10 月 31 日胡适日记："《中华日报》送来今年八月廿六日金门兵士炸山发现的明监国鲁王'贞墓'里的宁靖王朱术桂撰的《鲁王圹志》全文，我读了很感兴趣。今天下午写了一篇跋文，交给《中华日报》编辑人甘立德先生在后天发表。晚上又改作一段。"（曹伯言整理：《胡适日记全编》第 8 册，安徽教育出版社 2001 年版，第 583 页。）

4 WEDNESDAY［星期三］

鲁道夫 ^① 来吃午饭

6:00—7:30　教廷公使酒会（台北宾馆）

5 THURSDAY［星期四］

上午九时三刻到达台大医院 ^②

3:30—5:00　北大同学会茶会（励志社）

---

①《胡适之先生晚年谈话录》1959 年 11 月 17 日（星期二）："中午的饭桌上，先生谈起美人鲁道夫对于李清照的《金石录后序》的标点都点不断，还要来译英，怎么会译得出呢？非有人帮忙［助］他，他是无法译好的。《金石录后序》里有'自王播元载之祸'一句，《师门五年纪》里已经考出'王播'是'王涯'之误；于是关照胡颂平应该送他一本《师门五年纪》。"又《胡适之先生年谱长编初稿》1959 年 12 月 14 日载："上午，鲁道夫来访，送还《汉书》。先生说：'鲁道夫既然到中央研究院来研究考古史，我应该帮助他。如张敞论献鼎是考古史上一个重要的故事；他在《张敞传》里去找这些材料是找不到的，我告诉他在《郊祀志》里。'"（胡颂平编著：《胡适之先生年谱长编初稿》第 8 册，台北联经出版事业公司 1984 年版，第 3012 页。）

②　1959 年 11 月 5 日胡适日记："九点三刻到台大医院去住一天，请他们给我作一次身体检查。今天检查心脏，肺部做了肺胸透视，又做心电图。重 55kg（1221 磅），P.R.［心率］84，血压 126／90。明天早上要取血化验，并检查'新陈代谢'（Metabolism）。"（曹伯言整理：《胡适日记全编》第 8 册，安徽教育出版社 2001 年版，第 592 页。）

7 SATURDAY［星期六］

（？）10:00　上午在办事处开提名会①。先去看朱先生?

3:30　下午开17次科学会（金华街）②

7:30　Yeager［耶格］阳明山（Pota）［普特］饭③

8 SUNDAY［星期日］

4:30　张紫常来

---

①《胡适之先生年谱长编初稿》1959年11月7日载:"上午,出席评议会提名委员会会议,决定全体院士、上届评议员、各筹备主任为候选人,另外请各院士推举十二名共为六十名,再由六十名中票选三十名岛评议员。生物、数理、人文三组各十名。"（胡颂平编著:《胡适之先生年谱长编初稿》第8册,台北联经出版事业公司1984年版,第3022页。）

②《胡适之先生年谱长编初稿》1959年11月7日载:"下午,主持科学会第十七次执行委员会,决定以五十万元补助纯粹学术研究性刊物,开始调查各学术机构出版研究性刊物的内容。"（胡颂平编著:《胡适之先生年谱长编初稿》第8册,台北联经出版事业公司1984年版,第3022页。）

③《胡适之先生年谱长编初稿》1959年11月7日载:"晚七时半,美国大使馆的耶格（Yeager）在阳明山举行欢迎俄勒冈州民主党众议员普特（Pota）的宴会,先生应邀作陪。席间普特提出'两个中国'的意见,并谓美国部分人士基于畏战心理,凡能导致和平之方式,均乐于支持。先生对普特观点之驳正,辞义尤严。（见十一月九日《自立晚报》）"（胡颂平编著:《胡适之先生年谱长编初稿》第8册,台北联经出版事业公司1984年版,第3022—3023页。）

10 MONDAY［星期一］

《自由中国》文稿①

国光演平剧

11 WEDNESDAY［星期三］

9:00　中国工程师学会年会演讲②（中正厅）

---

①　此处指为台湾《自由中国》杂志撰稿。《自由中国》主编雷震在当年11月6日致信胡适，向其约稿。兹抄录全信（万丽鹃编注：《万山不许一溪奔——胡适雷震来往书信选集》，南京大学出版社2014年版，第209页）如下：

适之先生：

　　特刊一定要先生一篇文章，不然我们太不好看。近来常有人说，先生和《自由中国》分开了，如先生不写，一定又给他们许多闲话。关于题目事昨晚和夏道平兄讨论过，他说有一个他多年想到的题目，但未能写出来嘱录陈参考。即"知识的责任，道德的勇气"。并盼先生于十［十一］月十日交下（至晚十一日早晨），我们尚可排进去。

肃颂

道安

雷震上　四八、十一、六

信中的"特刊"，指《自由中国》十周年纪念特刊，即《自由中国》21卷10期（1959年11月16日）。胡适在该期发表《记美国医学教育与大学教育的改造者弗勒斯纳先生》一文。

②　《胡适之先生年谱长编初稿》1959年11月11日载："上午九时，先生在中国工程师学会第二十四届年会暨九个专门工程学会联合年会上致词。"（胡颂平编著：《胡适之先生年谱长编初稿》第8册，台北联经出版事业公司1984年版，第3032页。）

3:30　James Dunn#［詹姆斯·邓恩］^①来

（美大使馆官员陪来）

12　THURSDAY［星期四］

3:30　汤先生

13　FRIDAY［星期五］

12:00　Hutchison［胡奇森］夫妇来吃午饭

新闻局葛小姐陪同

3:00　桂中枢中文照相排字机操作表演（历史博物馆）

14　SATURDAY［星期六］

4:00　胡汉文来

15　SUNDAY［星期日］

5:00—6:30　梅部长酒会（圆山饭店）

7:30　晚饭（自由之家）^②

---

① 《胡适之先生年谱长编初稿》1959 年 11 月 11 日载："下午，美国前驻义（意）大使 James C.Dunn 夫妇和 Quleau Branca 夫妇来访，先生陪他们参观考古馆。"（胡颂平编著：《胡适之先生年谱长编初稿》第 8 册，台北联经出版事业公司 1984 年版，第 3034 页。）

② 梅贻琦宴请日本前文部省大臣滩尾弘吉（参见胡颂平编著：《胡适之先生年谱长编初稿》第 8 册，台北联经出版事业公司 1984 年版，第 3036 页。）

6:00　成都路 49［号］玉楼东（高惜冰请 Glen Baxter［格伦·巴克斯特］）#

16　MONDAY［星期一］

10:00　日本前文部大臣滩尾弘吉来①

下午（Prof. Baxter）［巴克斯特教授］来参观

8:00—8:20　祖望带一个朋友来

17　TUESDAY［星期二］

10:00　萧作梁先生来②

1:30　东京 Pennington［彭宁顿］来参观

7:30　韩国大使晚饭（圆山饭店）

18　WEDNESDAY［星期三］

10:00　白乐濬来访（韩国延禧大学校长）③

7:00　朱骝先晚饭（同志会）

---

①　详见胡颂平编著:《胡适之先生年谱长编初稿》第 8 册，台北联经出版事业公司 1984 年版，第 3041 页。

②　萧作梁此次前来递交抄给胡适的文件，详见《胡适之先生年谱长编初稿》第 8 册，台北联经出版事业公司 1984 年版，第 3050 页。

③　白氏邀请胡适去讲学，胡适婉辞了。胡适送他一本《小屯》，又著作六七种。（见胡颂平编著:《胡适之先生年谱长编初稿》第 8 册，台北联经出版事业公司 1984 年版，第 3051 页。）

19 THURSDAY［星期四］

12:15   Miller[①]［米勒］来吃午饭

改期

~~3:00　韩国文化访问团由任永信女士率领来院参观~~
~~（中央大学）~~

20 FRIDAY［星期五］

3:30   达先生（法国考古学者）#

6:00（5:20 到妇女之家）[②]《自由中国》聚餐（？）

（妇女之家）饭

---

① 　Miller，亚洲基金会代表。

② 　1959 年 11 月 20 日台湾《自由中国》社十周年纪念餐叙。雷震有信（万丽鹃编注：《万山不许一溪奔——胡适雷震来往书信选集》，南京大学出版社 2014 年版，第 210 页）：

适之先生：

敬肃者。二十日聚餐请柬昨已奉上。我们那一天原是编委会例会之期，我们于是日下午四时三十分到"妇女之家"开编委会，拟请先生于五时二十分左右惠临，和各位编辑委员谈谈话。如果先生没有空，也不必勉强，因为大家希和先生谈谈话，故我奉函陈明。

肃颂　道安

雷震上 四八、十一、十四

21 SATURDAY ［星期六］

10:00 李庆麔^① 来（立法委员）

3:00 马保之与郑先生送蝴蝶兰来

6:00 Philips Reception ［菲利普斯招待会］

7:45 Philips Dinner ［菲利普斯晚饭］公园路

22 SUNDAY ［星期日］

9:30 科学会联席会议在教育部第一会议室（中午有便饭）

4:30 Dr. Phillips、Cushing ［菲利普斯博士、库辛］来

---

① 李庆麔（1895—? ），安徽和县人。毕业于私立南京金陵大学。1919 年，五四运动，由南京学生联合会推举为评议部部长。1926 年，任华中公学教务主任。1927 年，任马来亚麻坡市中国中学校长。1928 年，任安徽省第四中学校长。1929 年，赴美国留学，入伊利诺伊大学，1933 年，获农业经济学博士学位；同年返国，任教私立天津南开大学。1935 年，任中国国民党中央党部土地专门委员会委员。1936 年，任国立中央政治学校地政学院教授。1939 年，任国民党国防最高委员会财政专门委员会委员。1940 年，任国民政府内政部地政司司长。1941 年，兼任地价申报处处长，另兼私立朝阳学院教授。1942 年，任立法院立法委员。1943 年，再兼国立中央大学农经系教授。1945 年，受聘兼任农林部农业经济研究所所长。1947 年，出席日内瓦国际劳工会议及英国所召开战后第一次农经学人会；同年，当选为立法院立法委员。中华人民共和国成立前夕去台湾，任台湾"立法委员"，兼任台湾省立农学院农经系教授。1955 年，赴芬兰出席农经学人会。1957 年 7 月，创设台湾省立农学院农经研究所，任所长。1969 年，辞研究所所长职。（徐友春主编：《民国人物大辞典·上》，河北人民出版社 1991 年版，第 557 页。）

23 MONDAY［星期一］

9:00　李先闻来

5:00　去看王云五^①先生

24 TUESDAY［星期二］

3:00　萧作梁先生

　　　（去看他的工作室。新生南路一段 145 巷 22 号）

（23398）

―――――――――

① 　王云五（1888—1979），字岫庐，广东香山（今广东中山市）人。1921 年进入商务印书馆工作，1945 年辞职从政。1945 年 5 月，任经济部部长。1947 年 4 月，任国民政府委员行政院副院长。1948 年 5 月，改任行政院政务委员兼财政部部长。1949 年 2 月，赴香港，继抵台湾，创办台湾国华出版社，任台湾"行政改革委员会主任委员"、台湾"总统府""国策"顾问、台北"故宫博物院"理事长。1954 年 9 月，任台湾"考试院"副院长。1958 年，任台湾"行政院"副院长。1964 年，任台湾商务印书馆董事长。王云五对 20 世纪二三十年代商务印书馆的发展起了重要的作用，策划出版了影响力很大的"万有文库"等，为我国现代文化教育事业作出了大量贡献。著有《王云五全集》（2013 年出版）。《胡适之先生年谱长编初稿》1959 年 11 月 23 日载："五时，去看王云五。王云五请先生到新陶芳菜馆吃饭。"（胡颂平编著：《胡适之先生年谱长编初稿》第 8 册，台北联经出版事业公司 1984 年版，第 3068 页。）

7:00　张道藩、黄国书[1] 请滩尾先生（立法院）#

25　WEDNESDAY［星期三］

10:00　包德民来

12:15　James［詹姆斯］来（in honor of Senator Scott）［接待参议员斯科特］午饭，在长安东路 2 段 #159

下午 4:00　（？）For I.C.A.［前往美国国际合作总署驻华共同安全分署］&CUSA［美援会］[2]（在金华街）

---

①　黄国书（1905—1987），本姓叶，名焱生，台湾新竹人。先入暨南大学，毕业后入读日本士官学校炮兵专门学校及法国、德国之炮兵专门学校。历任中央军校及炮兵学校教官、主任。抗战中任独立炮兵团团长，因功累迁至师长、副军长。战后奉派任台湾警备总司令部中将参议兼高参室主任。1946 年当选制宪国大代表，是主席团中唯一的台籍人士。1947 当选第一届立法委员。1950 年当选台湾"立法院"副院长，1961 年当选台湾"立法院"院长，是第一位出任五院院长的台籍人士，并蝉联台湾"立法院"院长达 11 年之久。

②　《胡适之先生年谱长编初稿》1959 年 11 月 25 日载："下午，主持科学会执行委员会，商讨美援款项分配问题之外，并对下年度的工作计划，广泛征求意见。"（胡颂平编著：《胡适之先生年谱长编初稿》第 8 册，台北联经出版事业公司 1984 年版，第 3070 页。）

26 THURSDAY [星期四]

12:00　沈志明夫人 ① 辞行

下午（？）※

7:30　尹仲容晚饭

27 FRIDAY [星期五]

9:30　蒋梦麟兄来 ②

12:30　梅部长便饭（自由之家）③

3:00　韩国中央大学校长任永信率领访问团来

---

①　"沈志明夫人"即应文婵，台北启明书局经理，其丈夫沈志明为董事。因印书事他们在 1959 年 2 月底遭到台北警备总司令部拘押，并拟以"叛乱罪"被公诉。胡适因其罪名不能成立，为之向警备总司令黄杰转递由律师送来的申诉书，并给台湾"行政院"院长陈诚、副院长王云五写信，为沈氏夫妇辩白担保。迄 3 月 27 日，沈氏夫妇交保释放。（参阅 1959 年 3 月 11 日胡适致陈诚、王云五信及 3 月 14 日致王云五信。）

②　同来者有许明德（Schmid）。

③　胡适在该日日记里写道："今天梅部长约我参加此会餐，到会的有：'教育部长'，两次长，罗云平司长。"（曹伯言整理：《胡适日记全编》第 8 册，安徽教育出版社 2001 年版，第 613—614 页。）胡适参加梅贻琦午餐会后回家，说："这一顿饭请的是各部的次长，大家谈得轻松愉快，就是科学会一千多万元的问题解决了，也就是给院会争来一千多万元了。"（胡颂平编著：《胡适之先生年谱长编初稿》第 8 册，台北联经出版事业公司 1984 年版，第 613—614 页。）

28 SATURDAY［星期六］

10:30—11:00　许（孝炎）① 社长《香港时报》来吃午饭

7:30　Miller［米勒］晚饭（天母·附图）

29 SUNDAY［星期日］

10:00　在台大法学院讲演《科学精神与科学方法》②

程天放家午饭（永康街 7 巷 16 号）

3:00　四届评议员提名会 ③（和平东路本院）

30 MONDAY［星期一］

7:30　Bottonff［博托夫］晚饭（圆山饭店）

---

①　许孝炎（1900—1980），字伯农，湖南沅陵人。后任《香港时报》管委会主委，并奉派主持国民党港九地区文化宣传工作，同时兼任香港"中国文化协会"副主委，并被选为国民党"中央评议委员会"委员。

②《胡适之先生年谱长编初稿》1959 年 11 月 29 日载："上午十时，先生应'教育部'科学教育委员会及中华科学协进会的邀请，在台大法学院礼堂讲《科学精神与科学方法》。"（胡颂平编著：《胡适之先生年谱长编初稿》第 8 册，台北联经出版事业公司 1984 年版，第 3076 页。）

③《胡适之先生年谱长编初稿》1959 年 11 月 29 日载："下午，出席'中研院'评议会提名委员会。决定第四届评议员的人选。"（胡颂平编著：《胡适之先生年谱长编初稿》第 8 册，台北联经出版事业公司 1984 年版，第 3081 页。）

"Some Reflections On Cultural Exchange"[1]［文化交流讨论会］

唐乃建（纵）晚饭改期

DECEMBER［12 月］

1 TUESDAY［星期二］

6:00—7:30 Yeager［耶格尔］酒会，在庄大使宅 informal
［非正式的］

7:00 唐乃建（纵）[2]晚饭（宁夏路 106 号）

2 WEDNESDAY［星期三］

3:00 宣中文女士来（《公论报》）[3]

---

① 《胡适之先生年谱长编初稿》1959 年 11 月 30 日载："晚
上，先生在美国远东文化会议的餐会上，以英语演讲《文化交流的感
想》。"（胡颂平编著:《胡适之先生年谱长编初稿》第 8 册，台北联经
出版事业公司 1984 年版，第 3081 页。）

② 唐纵（1905—1981），字乃建，湖南酃县人。黄埔六期 1929
年毕业，1937 年任军事委员会委员长侍从室上校参谋，后升少将组长。
未几，任军统帮办。后任内政部政务次长、警察总署署长。1948 年
兼任国防部保安局中将局长。抵台后任台湾"总裁"办公室第七组组
长。1957 年任台湾省政府委员兼秘书长。1959 年 3 月，任国民党"中
央委员会"常务委员兼秘书长。

③ 《胡适之先生年谱长编初稿》1959 年 12 月 2 日载："下午，
《公论报》记者宣中文和常生君等来访问录音，谈谈中古思想史及
'中央研究院'的状况。（十二月六日《公论报》)"（胡颂平编著:《胡
适之先生年谱长编初稿》第 8 册，台北联经出版事业公司 1984 年版，
第 3086 页。）

3　THURSDAY［星期四］

12：00　Yeager［耶格尔］午饭（在庄大使宅）

6：00—8：00　新闻局酒会（？）

~~9：00　汉城大学研究院院长李丙寿、金戴云、俞镇午等来访参观，留吃午饭~~

郭量宇 Oral history（？）

4　FRIDAY［星期五］

10：00　Dr. Thomas H. Ige［托马斯·希格博士］（夏威夷大学）来

3：00　齐世英来（？）

~~6：30　郭量宇~~[①] ~~病 # 中园（中山北路）#~~

---

①　郭廷以（1904—1975），字量宇，河南舞阳人。1926 年毕业于东南大学历史系。早年执教于清华大学、河南大学、中央政治学校、中央大学。抵台后任教于台湾大学、台湾师范大学。1955 年担任台北"中央研究院"近代史研究所筹备处主任，后任所长。

5 SATURDAY［星期六］

上午，侯璠①教授来

2:30—2:45 之间 "Some Reflections On Cultural Exchange"［文化交流讨论会］会员来（？）（大约有十人）

7:00 Lowe Dinner［罗晚饭］（圆山饭店）

~~10:00 金许闻韵来（金太太）TEL：22207~~

~~美国在台教育基金会会员来参观~~

6 SUNDAY［星期日］

上午 9:30—10:00（？）薛斯人（《良友画报》）来访

下午三时科学会开 18 次会（金华街）

7 MONDAY［星期一］

3:00 到科学会所

---

① 侯璠（1900—1986），字子奂，绥远萨拉齐（今分归内蒙古包头、土默特旗）人。毕业于北平师范大学，因成绩优异，未毕业就留校任教。1932 年，任绥远省立第一中学校长。1934 年，公费留学美国，先后获得哥伦比亚大学硕士、佐治亚大学博士。回国后，历任中山大学、中央大学、北京师范大学、北京大学、东北大学教授。1949年去台湾，历任台湾教育委员、台湾"教育部"编纂、台湾师范大学教授等。

六时，樊逵羽①、陈雪屏、钱思亮三夫人饭（在樊家）

8 TUESDAY［星期二］

Oka［冈］（稻作专家）

4:00　在世界新闻学校讲演（3:45 接雷儆寰同去）②

6:30　于景让晚饭（在台大会议室）

~~上午　木原［kihara］均（东京植物遗传学研究所所长）来~~

~~冈［Oka］彦一（原在台省立农学院）~~

9 WEDNESDAY［星期三］

11:00　袁贻瑾和陈教授同来参观（午饭）

---

①　樊际昌（1898—1975），字逵羽，浙江杭州人。1920 年在上海南洋公学毕业后，考取半官费留学，赴美国华盛顿大学攻读心理学。回国后，曾在清华大学、北京大学、西南联合大学教心理学。1947 年春，随蒋梦麟去广州创办农村复兴委员会，任农复会秘书长、总务长。1948 年随蒋梦麟去台湾，1964 年从台湾"农复会"退休，先后在政治大学、台湾大学受聘任教。

②　《胡适之先生年谱长编初稿》1959 年 12 月 8 日载："下午四时，到木栅世界新闻学校演讲'新闻记者的修养'。"（胡颂平编著：《胡适之先生年谱长编初稿》第 8 册，台北联经出版事业公司 1984 年版，第 3097 页。）其演讲内容，参见 1959 年 12 月 9 日台湾《中央日报》。

4:00　李青来 ① 来

6:30　高天成 ② 来吃晚饭

10　THURSDAY［星期四］

10:00　木原均 ③（东京遗传学研究所所长）（于景让之师）#

11　FRIDAY［星期五］

12:00　阮维周 ④ 来吃午饭　祖望陪同田副局长来

---

　　① 李青来，台湾《中央日报》记者，十分仰慕胡适的才学。《胡适全集》收入致李青来信多封，最后一封写于1962年2月1日。1962年2月24日下午5时，胡适在台北"中央研究院"蔡元培纪念馆招待院士酒会上发表谈话，心脏病发倒地猝死。就在胡适身体向后倒下的一瞬间，李青来马上冲过去抱住胡适。胡适逝世后，李青来访问了王世杰、毛子水、李济和罗家伦，把他们追忆胡适的四篇文章结集为《胡适先生纪念集》（台北学生书局出版）。

　　② 高天成（1904—1964），号不凡，台南市人。东京帝国大学医学部医学博士，脑神经外科名医。1948年任台湾大学医学院教授兼外科主任，1953年任台大医学院附属医院院长。1960年因医学成就，膺任台北"中央研究院"评议员。

　　③《胡适之先生年谱长编》1959年12月10日载："日本植物遗传学所长木原均偕同周彦一、腾屋敬三、于景让、张德慈等来访。"（胡颂平编著：《胡适之先生年谱长编初稿》第8册，台北联经出版事业公司1984年版，第3105页。）

　　④ 阮维周（1912—1998），安徽滁县（今滁州）人，地质学家。1935年毕业于北京大学，1946年获美国芝加哥大学哲学博士学位。曾任中央地质调查所地质师，美国地质调查所地质师，北洋大学、北京大学教授。1950年后，历任台湾大学教授、地质系主任、理学院院长，台北"中央研究院"总干事、院士，台湾"中国地质学会"理事长。对岩石学、矿物学、矿床学有研究，著有《中国矿产资源》等。

4:00　华美协进社开会（国际学舍）

7:00　Stephen Tsai & James Wrenn［史蒂芬·蔡和詹姆斯·雷恩］晚饭（农复会）饭后到科学会 #

12　SATURDAY［星期六］

陈汉光[1]来

13　SUNDAY［星期日］

11:00　蒋匀田、王世宪来吃午饭

4:00　张紫常来

14　MONDAY［星期一］

12:30 午饭　Schmid［斯密特］请日本 ICA［美国国际合作总署］科学代表 Boss［博斯］（在吉林路 98 巷 #1）

6:00—7:30　井口贞夫酒会（中国之友社）

15　TUESDAY［星期二］

2:30　（？）Boss & Schmid［博斯与施密德］来

---

① 陈汉光，台湾历史研究者，从事台湾文献的搜集整理，主持编辑《台湾风物》。

19 SATURDAY［星期六］

3:00 谷正纲^① 茶会

3:00 Sino American Techn.Cooperation Association［中美技术合作研究会］（Annual Meeting）［年会］，要说话#（英语）^②
国立艺术馆

20 SUNDAY［星期日］

10:00 蒋匀田^③、王世宪来

3:30 评议会（在南港）^④ 院士谈话会[#]

7:00 杨亮功、樊际昌、毛子水、姚从吾、蒋慰堂、钱思

---

① 谷正纲（1902—1993），字叔常，贵州安顺人。德国柏林大学毕业，曾与王仲裕入苏联莫斯科中山大学进修。曾投靠 CC 系，为骨干人物。

② 此是第五届年会，胡适英文演讲的讲题是"美国如何成为世界学府"。

③ 蒋匀田（1903—1994），名锡，字匀田，安徽蚌埠人。民国时期政界要人。1948 年迁居台湾，1969 年迁居美国旧金山。晚年为促进中国海峡两岸统一而奔走。

④ 《胡适之先生年谱长编初稿》1959 年 12 月 20 日载："下午三时，主持'中研院'第四届评议员选举。"（胡颂平编著：《胡适之先生年谱长编初稿》第 8 册，台北联经出版事业公司 1984 年版，第 3120 页。）

亮等为北大前后两校长祝寿 ①

21 MONDAY［星期一］

10:00 王文山 ② 来

4:00 阙镇长、马校长来

22 TUESDAY［星期二］

3:00 Dixon［迪克森］来

~~8:18 "光复大陆会"第六次全体会识报告（光复厅）~~

23 WEDNESDAY［星期三］

10:00 "光复大陆设计委员会"第六次全体委员会举行开会仪式

10:30 "光复大陆设计委员会"开会

---

① "北大前后两校长"指的是蒋梦麟（1930—1945 年任北大校长）、胡适（1945—1949 年任北大校长）。毛子水 1919 年北大毕业；杨亮功、姚从吾 1920 年北大毕业；蒋复璁 1923 年北大毕业；樊际昌 1931—1937 年任北大教务长，后随北大并入西南联大，1945 年重返北大任职；钱思亮 1934—1937 年任北大教授，后随北大并入西南联大，1945 年继任北大教授兼化学系主任。故而，作为北大校友，这六人为蒋、胡两校长庆寿。

② 王文山（1901—?），湖北武昌人。1928 年获哥伦比亚大学图书馆学硕士；1932 年获华盛顿大学政治学博士，同年任清华大学图书馆主任。1942 年 5 月，任交通部人事司司长。抗战胜利后弃官从商，任南京金城银行分行经理等。

12:00　在光复厅招待便餐

2:30　"光复大陆设计委员会"开会

6:30　程沧波[①]、王新衡[②]晚饭"饯别成舍我"

7:00　潘贯[③]晚饭（牯岭街60巷8号）

24　THURSDAY［星期四］

上午9:00　"光复大陆会"开会

12:00　在光复厅招待便餐

---

①　程沧波（1903—1990），字晓湖，江苏武进（今常州）人，著名报人。复旦大学毕业，1930年入伦敦政治经济学院，1931年回国，任国民会议秘书。1932年任《中央日报》首任社长。历任复旦大学教授兼新闻系主任，中国公学大学部教授，政治大学、东吴大学教授，上海《时事新报》主笔。1937年二度赴英国，学习历史和英国文学。抗战爆发后，返重庆继续主持《中央日报》。1940年9月，任监察院秘书长，后任国民党中央宣传部副部长。抗战胜利后赴上海接管《新闻报》，任社长。1949年去台湾后，任台湾"立法委员"等。

②　王新衡（1908—1987），浙江慈溪人。1926年由国民党上海特别党部派送苏联学习，入莫斯科中山大学，1930年回国。1931年春，在南京创办《苏俄评论》月刊。抗战初期，任军委会调查统计局香港特别区少将区长。1947年当选立法委员。抵台后任台湾"立法院外交委员会"委员、亚洲水泥公司董事长、远东纺织公司常务董事。

③　潘贯（1906—1974），字凌云，台南人。台北帝国大学理农学院化学科毕业，复在同校大学院研究四年，期满任教于台南高等工业专门学校。抗战胜利后，受聘于台湾大学理学院化学系教授。1955年赴美进修，在加州大学从事氧化银电极之热力学研究。1956年受聘为台湾清华大学原子能科学研究所兼任教授、研究员，同年当选为台北"中研院"院士。1961年兼任台湾大学化学系主任，1960年至1967年为台湾"长期发展科学委员会"之研究教授。

12:30　请堀内谦介午饭，与梅校长合请（在献堂馆）

下午 2:20　"光复大陆会"开会（致词）#

25　FRIDAY［星期五］

9:00　"国民大会"开会，致开幕词

6:45　李青来、苏雪林 ① 来吃晚饭 #

26　SATURDAY［星期六］

12:00　"国大"无党派联谊会聚餐（会宾楼）

7:00　约从吾 ②、子水、汉升、相湘吃饭

27　SUNDAY［星期日］

10:00　中国图书馆学会年会（中央图书馆）讲话 ③

南海路 #29

---

①　苏雪林（1897—1999），原名苏小梅，乳名瑞奴、小妹，学名小梅，字雪林，笔名瑞奴、瑞庐、小妹、绿漪、灵芬、老梅等。籍贯安徽太平县，出生于浙江瑞安。一生从事教育，先后在沪江大学、国立安徽大学、武汉大学任教。后到台湾师范大学、成功大学任教。笔耕不辍，文学创作和文学研究论著甚丰。

②　姚从吾（1894—1970），原名士鳌，字占卿，号从吾，中年以后以号行，河南襄城县人。曾任教于北京大学、西南联合大学、河南大学。1949 年初去台湾，受聘为台湾大学历史系教授，并创办辽金元史研究室。1958 年 4 月，当选为台北"中央研究院"人文组院士。其遗著由门人辑为《姚从吾先生全集》（共 10 册，台北正中书局出版）。

③　此次讲题为"找书的快乐"。

3:30　中国教育学会等六团体联合年会演讲（师大礼堂）①

28　MONDAY［星期一］

5:00—6:30　日本驻华大使井口贞夫酒会（金龙厅）

29　TUESDAY［星期二］

发电给 S. D. Ren#［S.D. 雷恩］②

30　WEDNESDAY［星期三］

3:00　"Asia Foundation"会［亚洲基金会］，在科学馆

6:30　中广公司晚饭

NOTE

T.K.③

临沂街 59 巷 36［号］（电话）27902

此书单的"作者"（Author［作者］）一栏，尤多毛病（319）。《天下郡国利病书》注"作者不明"（322）。《朱舜水遗

---

①　此次讲题为"中国教育史的资料"。此会由该会米勒博士邀请胡适、孙乐山、王亚楼等商议，计划与有关部门合作，举办一个科学展览会，目的在于提高并培养中国中小学生研究科学的兴趣。

②　S.D.Ren，即任嗣达（稷生），昆明人，1913 年公派赴美留学的学生之一。曾任《季报》总理，上海邮政储金汇业局经理、副局长等职。

③　指童世纲。

书》注"不明"（354）。"洪文襄"（355）、"王文敏"也都注"不明"（356）。"林文直"是谁？当然要注"不明"了？但[1]

THE ASIA FOUNDATION

November 13, 1959

Dear Dr. Hu:

I have just received a telegram from Mr. Muir, Director of Education, Government of North Borneo, stating that due to circumstances he has had to cancel his trip to Taiwan. Mrs. Miller and I would still like to have the dinner party on the evening of November 28th at 7: 30 p.m. and hope that you will be able to attend. For some time we have been wishing to invite you to our home.

Sincerely yours

Richard J. Miller

Representative

亚洲基金会代表致胡先生信函

亲爱的胡先生：

十一、十三，一九五九

我刚接到北婆罗州政府教育部长米尔先生的电报，他因事必须取消台湾的行程，但是我和内人仍然希望在十一月二十八日晚上七点半安排餐会，请您能前来参加。我们想邀请您到敝

---

① 原文至此空白。

舍已很久了。

亚洲基金会代表

理查·米勒

收到蒋太太^①来函一封

十、十九

Braibaint P.I.［布莱班特］

Duke［杜克］

1960 年

袁守谦，字企止，五十六岁，湖南长沙人。黄埔军校第一期毕业。曾任旅长、军事委员会政训处长、政治部副部长、代理部长，青年团中央常务干事兼副书记长、国民党中央委员、制宪国大代表、华中剿匪总司令。迁台后代理国防部长，中央改造委员兼第五组主任，现任交通部长。日喜读书，精摄影术。

Assessment No. for year   Total   Add statutory charge

［估价代号］   ［年度］［合计］［加法定费用和规费］30.10

908175   195（6）7 $ 28.00   2.10

The time is coming, let us hope, when the whole English speaking world will recogize in O.Henry one of the greatest masters of modern fiction.

------

① 似指蒋梦麟夫人。

–Stephen Leacock

（probably before 1932）

　　［时间已经到了，让我们期待，所有说英语的人，都能够认识最伟大的文学大师欧·亨利］

　　——史蒂芬，（可能在 1932 年之前）

应付台南、盐水镇

岸内糖厂

高奇望　$100

又张秉权太太　$300

附　录

"学在民间"：《胡适晚年未刊行事历日记》
校订、注释感言

一

《胡适晚年未刊行事历日记》的校订注释终于完成，压在心里的一块石头卸下来了。有些话，不吐不快。

《胡适晚年未刊行事历日记》是胡适在 1956 年至 1960 年间的日记，至今没有出版过。不同于胡适同时期的日记的是，这一部日记仅仅以极其简约的文字写下每日大事，不涉及事情的前因后果，也没有当事人的对话、感想等，看起来和"日程安排"差不多。例如：

Oct.14，1956 （Sun.）

1:00 纪五来午饭

充和 &Hans［傅汉思］（Supper）

5:30 Hans Frankel 来接

（"茗谈会"李彻之？）

这部日记所记，中英文夹杂，均为上午 6：30—下午 5：30 的活动。晚上很少安排活动，这应该与胡适当时年事已高、身体状况不佳有关。

关于《胡适晚年未刊行事历日记》原件的来源，还得从十多年前说起。2005 年，台北"中研院"近代史研究所研究员黄克武接任胡适纪念馆主任。在清理馆藏时，发现若干 20 世纪 50 年代中期迄 60 年代初期逐日记载胡适活动的记事本。经慎重整理复印，暂拟名为《胡适晚年未刊日记》。该馆请潘光哲担任整理工作。潘先生另有课题在身，转而推荐程巢父任整理之责。程巢父把整理稿命名为《胡适未刊行事历》，可惜因种种缘故，一直没有出版。几年前，程先生曾以其整理稿嘱托我校订出版，故而不揣浅陋担负此责。

二

接下来，我想回忆我和程巢父先生相识及他以书稿《胡适未刊行事历》相托的苦衷，希望能引起学界同人对民间学者治学之难的关注。

程巢父（1934—2020），本名程朝富，书房名不降斋，出生于湖北汉口。早年在湖北沙市京剧团任编剧，后下岗，靠稿费维持生计。20 世纪 80 年代末开始从事 20 世纪思想与政治研究，主攻方向为陈寅恪诗笺证和胡适研究。代表作有《思想时代》《胡适的声音》《胡适论教育》《寻找储安平》等。一个人的一生，自然不是短短的两三行字可以概括。至少在我记忆里的程巢父，亲切而生动。我与程巢父先生初识于 2009 年 7 月召开的"储安平百年诞辰纪念学术研讨会"。会上，我见会议举办者谢泳对一个精瘦的老人恭敬有加，于是问谢泳那是谁。谢泳说：

"程巢父。"我立即想起读过程巢父的《思想时代》，这是一本让我颇有收获的书。于是走过去找他聊天，相谈甚欢，彼此留了联系电话。会议结束后，我和程先生时常有联系。有一段时间里，我的电子邮箱收到署名"不降斋"的"来函"，那些实际上是程先生搜集整理的一些资料，其中胡适研究资料居多。我知道老先生以七八十岁高龄，用电脑打字和上网不易，可由他发给我的电子邮件，三天一封、两天一封，几乎没有中断。有时也通电话。他曾邀请我去他在上海的家里住几天。"我家里人都去了海南，有空房。"他在电话里兴奋地说："白天你去上海图书馆查资料，晚上住我家，我们谈胡适。"我那时有事要去广州，结果只能让他失望，可他热情的邀请，至今宛若在耳边。

程先生有个习惯，虽然经济不宽裕，却时常一页一页自费复印、装订各种文献资料，寄给他认为需要的人。大约在2009年冬，我突然收到程先生寄来的一包书。打开一看，有几本是中国现代史和文化方面的，另有几份打印稿，其中包括程先生研究胡适的两三篇文章，还有一本比较厚，封面印着"胡适未刊行事历（未定稿）"。程先生在电话里告诉我，他受台北胡适纪念馆委托整理此胡适遗稿，也就是说，这份胡适未刊稿的来源绝对可靠。我建议他早日出版。"很难……"他叹气说，"托人问过几家出版社、杂志社，都不愿意。"我把程先生整理胡适未刊稿的事告知了华东师范大学的陈子善教授，他那时刚接手更名后的《现代中文学刊》，对散佚的现代文学文献史料格外有兴趣。征得程先生同意后，我把他的联系方式给了陈子善。后面的事情，我不得而知，只知道没过多久，程先生在《现代中文学刊》发表了《胡适参加夏威夷大学"东西方哲学讨论会"——〈胡适未刊日记〉整理记事》（《现代中文学刊》2011年第6期）一文。然而，《胡适未刊行事历》并未如程先生希望的那样得以连载刊发。我想，可能是因为主编陈子善认为它的文献史料价值不高吧。2010年某天，我在电话里提起《胡适未刊行事历》，问程先生出版了没有。他说："还是没有出版社愿意出，自费出版，又没这个财力……你在大学，又是博士后，将来申请到经费，你来出吧，这事我就拜托你了，我给你的胡适稿子，你随便用。"我觉得由程先生自己出版这部书更合适，但听他言辞恳切，不忍拒绝，就答应了。此后七八年里，我和程先生没有联系。倒不是奉行君子之交淡如水的原则，而是我从浙江大学博士后出站来到广州工作，换了手机及号码，彼此没有了对方的电话号码。虽然有时想起《胡适未刊行事历》以及对程先生的承诺，但琐事缠身，一直没有动手。今年初，惊悉程先生因髋骨骨裂在上海卧病于床，生活陷入困顿。我原本打算去上海看望他，因新冠疫情未能成行，仅用微信给学界发起的援助程先生的账号转了点钱。心里惦记着他的病情，然而传来的是噩耗，他在9月16日病逝！程先生的病逝，当时在学术圈引起不小的轰动。不过，大家关心和讨论的似乎不是程先生的学问，而是他去世前的经济窘迫。很多人质问程先生的儿子为何没有尽到做子女的责任。他们甚至嘲笑说，程先生的儿子程汉也像他一样，自己连饭都吃不饱，还沉迷搞学术！这些人身处高校和科研单位，是真不了解民间学者的夙愿和疾苦！

程先生的去世，让我深感当年对他的承诺如磐石压身，我于是丢下手头的课题，利用一切空余时间，校订、注释他的整理稿《胡适未刊行事历》。当年程先生寄给我的整理稿封面标注了"未定稿"三字。后来他在一篇文章里说，2011年"6月、7月才将整理工作订为'日课'，每天做几个小时"①，说明在"未定稿"之后，他手里有一个更全、更新的版本，然而我多方索取未果，只能依据"未定稿"。由于我依据的是"半成品"，有待校订、注释之处比较多，几乎等同于重新整理。我主要做了以下工作：

第一，更名为《胡适晚年未刊行事历日记》。程先生当年为何没有采用潘光哲等暂拟的书名《胡适未刊日记》，而是另拟题为《胡适未刊行事历》？现在已不可知。可我认为，"胡适未刊行事历"不如"胡适晚年未刊行事历日记"准确。并且，尽管这部书里头辑录的都是胡适那几年的"日程安排"，但仍是日记体式，胡适手稿第一页，也明确写着"Diary"（日记）。所以，一方面，我保留了程巢父当年的题名尤其是"行事历"三字，另一方面，添加"晚年"来明确时间范围，又添加"日记"来

---

① 程巢父：《胡适参加夏威夷大学"东西方哲学讨论会"——〈胡适未刊日记〉整理记事》，《现代中文学刊》2011年第6期。

突显其性质，于是得"胡适晚年未刊行事历日记"之题名。

第二，梳理原文。《胡适晚年未刊行事历日记》逐年逐月逐日记事，本该条目清晰，由于撰写者仅以最简约的文字记述，且时常涂写、增删，页面变得凌乱。而程先生辑录时又秉持忠于原作的原则，以致不梳理原文，几乎难以卒读。

第三，校正文字。虽说原稿（复印本）的字还算工整，但手写的字难免会认错。何况，多数用圆珠笔写成，墨迹很淡，辨读不易。尤其是英文，采用的是花式字体，极难辨认，在程巢父的整理稿中，此类错讹最多。还有一个情况需要说明。程先生送给我的整理稿，虽是打印本，但那是他请人在电脑上打的字。整理稿空白处，有几处程先生手写的提示，如"郑小姐注意：请将此条移在狮子会之前"。显然是提醒打字员郑小姐需注意的事项。由于并非本人电脑打字，整理稿上出现了一些属于打字错误的地方。所有这些，都是我必须校订的。

第四，修改、增补注释。程先生对胡适日记里一些人名、地名、史实等做了详细注释。我只保留了极少数，因为绝大多数注释，在今天看来，要么过时，要么需要更正、补充。这是一个对程先生来说有些残酷的事实，然而学术更新换代在所难免。另外，一些日记中的人名、地名和史实，程先生未标注释，由我予以增补。比如前文所述1956年10月14日的日记，程巢父先生对"纪五""充和""汉思"做了注释，而没有解释何为"茗谈会"、"李彻之"是什么人。我在整理时增补了这两条注释，由此钩沉了《胡适之先生年谱长编初稿》《胡适日记全编》等没有提及的胡适与"茗谈会"的一段史实。

第五，校对、修改翻译。胡适日记经常中英文夹杂，为此，胡适往往对其中的英文人名、地名等作了翻译，每个英文单词后面都用中括号包含了中译。我在校对时，发现有些中译或者过时，或者对于现在的读者来说不易看明白。比如，"Stanford Univ."，胡适译为"史丹佛大学"，今通译"斯坦福大学"。1956年9月的日记经常出现"Class"一词，胡适译为"课"。虽然是直译，但毕竟意思不明确。考虑到胡适此时被加州大学聘为资深教授（Regents Professor），做为期一年的讲学，胡适行程安排里的"Class"，我在注释里译为"上课"，并予以说明。

这一部看起来像"日程安排"或"备忘录"的日记，其价值确实不如《胡适日记全编》《胡适全集·日记卷》，但是仍然具有以下几个方面的文献史料价值：一是记录了胡适晚年的每日行程；二是记录了胡适晚年的交游；三是程巢父所做注释和我修改增补的注释，不管对人还是对事，都只做客观陈述，可帮助读者了解胡适日记中提到的人和事。因为前两点，《胡适晚年未刊行事历日记》既可与坊间流布的胡适日记、年谱、年谱长编的相关史实相互印证，有的也能填补史实空缺。如，查《胡适日记全编》《胡适之先生年谱长编初稿》，1959年2月21日为空缺，而《胡适晚年未刊行事历日记》的这一天条目有："10:00 Hochster［奥奇斯塔］来；10:00—11:00 浦家麟来；24日下午三时给史语所'学术讲论会'学术讲演（讲题？）。"不但记录了当天两个来访者姓名、来访时间，还透露了2月24日将在史语所做学术讲演，甚至据此可知，胡适在2月21日确定了这次学术讲演的时间，而讲题未定。总之，《胡适晚年未刊行事历日记》不但为"胡适全人全事"研究提供了重要的第一手资料，而且可提供关键事件的线索，解开一些谜团。

三

抄录、整理这份胡适日记遗稿，不是容易的事。因年代久远，原稿的字迹颜色变淡，光那些用蓝色圆珠笔写下的字，就远不如其他用毛笔钢笔写的黑色的字工整、清晰。程巢父对此颇有体会："原件多以圆珠笔手写，有时因匆忙记录，部分中英文字迹均极潦草，且时有涂改，加以圆珠笔油墨年久漫漶，故极难辨读之处颇多。"①更何况，撰写者还时常在日记本上勾画、涂改，辨认不易。其中，英文写得很潦草，往往需要结合上下文、查阅胡适这时期的书信日记和年谱，才能推断出是哪几个字母组合的单词。由于这部日记对人名、地名都只作最简略的记录，如英文的人名大多是缩写，注释的难度很大。程巢父先生曾撰文讲过，他为了追究一个《胡适未刊行事历》里的缺笔

---

① 程巢父：《〈胡适未刊日记〉整理记事》，《文汇读书周报》，2008年9月26日。

字，求助于多位友人，几经辗转，事隔两年，最后才弄清楚。[①]
我在为这部日记做补注时，也常有类似经历。记得为了补正一条程先生所做的注释，我花了一个上午的时间检索、查阅资料。我在当下信息时代，可以利用互联网快捷地检索资料，尚需如此费时费力，想当年程先生完全凭手工查资料，该是何等的困难！个中辛劳，可窥见一斑。

抄录、整理不易，与程巢父经受的其他困难相比，显然要容易解决得多。作为民间学者，他的研究工作没有经费资助，成果出来后又很可能出版无望。这种无助和无望，往往才是让民间学者束手无策的"拦路虎"。确实如记者采访民间学者时所发现的那样："知识上的缺陷，他们可以通过努力学习、向前辈及同行请教来弥补，而来自精神上的压力令他们备受煎熬。"[②]想起去世前贫病交加的程先生曾对人说自己"无法生活"时，我不禁潸然泪下，这让我思考"学在民间"的传统和民间学者的处境。

中国素有"学在民间"的传统。进入近代以后，治学问者有"民间派"和"学院派"的分野。很多人都熟悉钱钟书笔下的这句名言："大抵学问是荒江野老屋中二三素心人商量培养之事，朝市之显学必成俗学。"人们以此证明"学在民间"的重要

① 程巢父:《〈胡适未刊日记〉整理记事》,《文汇读书周报》,2008 年 9 月 26 日。

② 唐红丽:《"走"在学术边上的民间学者》,《中国社会科学报》,2013 年 12 月 14 日。

意义。"一方面，从历史经验来看，真正的学问，特别是原创性的思想与学术，都是在民间萌生的。""另一方面，从知识社会学的角度来看，真正的学问，特别是原创性的思想，大致说来，只能出自民间甚至'荒江野老屋中'，不大可能来自热闹的庙堂或市场。"① 这些话，说得铿锵有力，也对"学在民间"的传统做了凝练的概括。然而，时至今日，还有多少"原创性的思想与学术"来自民间？还有多少学者在民间？传统既然难以为继，取而代之的是"学在学府"——当代掌握学术话语权的学者，都在高校和科研机构。相应地，民间学者及其研究，一般不符合"学院派"的规范和话语体系，以致被边缘化。其结果是，民间学者很难有正常申请科研经费和获得出版研究成果的机会。君不见国家社科基金项目、教育部人文社科研究项目申请，都要求以高校和科研单位为依托？君不见重要学术期刊的作者，几乎都是"学院派"？

2013年10月的《中国社会科学报》曾经报道，当代中国民间学者处境艰难："没有受过学术训练，没有经费资助，没有学术交流平台，他们取得的每一个成绩，背后都是数倍的付出和艰辛。"被采访的民间学者"说起这些年的辛酸，眼泪都哗哗的"②。年龄比较大的民间学者如程巢父如此，年轻一辈同样

---

① 喻中:《为"学在民间"招魂》，见 http://www.aisixiang.com/data/8412.html。

② 同上注。

如此。四川成都的青年学者肖伊绯，供职于报社，多年默默从事胡适史料辑佚工作。据我粗略统计，经他之手发掘的胡适佚作不下 20 篇，其中包括发现并整理出版了具有重大价值的胡适《中国哲学史大纲》（卷中）[①]。可就是这么一个在胡适佚作发掘整理方面颇有成就的学者，至今鲜为人知。"学院派"的重要学术期刊，直到今年才开始发表他的研究成果。[②]

当然，我们现在提出要找回"学在民间"的传统，倒不是仅仅因为民间学者的处境堪忧。只呼吁大家同情民间学者、众筹援助，如同杯水车薪，远远不够。如果我们不把"学在民间"的传统找回来，如果我们只承认"学在学府"，那么，必然会形成这样的不良风气：谁的学术地位越高，谁掌握的学术资源就越多；谁的公开成果越多，谁就是越有学问。在这样的流风之下，"学院派"少有原创性的重要成果。北京大学中文系陈平原教授说，这些年凡有学术水平的研究成果，多数是个人做出来的，和体制性项目无关。这个评价大体是准确的。

是时候反思这个现象了：为什么高校学报的学术品质普遍下降，反而有些不在高校评价体系中的学术期刊，水平却能得到学界的公认？比如像刘梦溪主编的《中国文化》、陈平原主编的《现代中国》。有一些出版物，不标榜学术，反而为学术界

[①] 胡适著，肖伊绯整理：《中国哲学史大纲》（卷上、卷中），广西师范大学出版社 2013 年版。

[②] 肖伊绯：《新见平津沦陷期间报刊所载周作人"佚文"及相关史料》，《中国现代文学研究丛刊》2020 年第 2 期。

看重，比如《书屋》《随笔》《万象》《上海书评》《历史学家茶座》等。还有一些不属于 CSSCI 期刊、核心期刊，甚至连刊号也没有的内部期刊，也有相当水准，如《胡适研究通讯》。当我们从中国社会科学宏观发展的角度对此作出反思，不难发现，"中国社会科学在'学在民间'这一路向上的发展，有力地促成、推动、明确了学术场域与政治场域、经济场域和社会场域之间的界分，更是对'主流官学'或其他场域的'进步'意识形态构成了反思和批判。""中国社会科学在'学在民间'这一路向上的努力，实在是中国学人对'学术'的一种自觉自省的行动。它担当着极为严肃的学术使命，即如何建构并捍卫中国社会科学的学术自主性，以及如何建构中国自身的学术传统的问题。"①

作为一名大学教师，我最直接的感受是，"学在学府"主导下的高校学术体制日趋僵化。教学科研和个人绩效奖励的不当结合，日益荒诞的数字化管理，导致急功近利之下时有学术道德沦丧、师德行为失范事例发生，高校因此受到一些来自社会舆论的负面评价。就学术研究而言，"我们的学术界似乎是过于成熟了。熟得研究任何问题都成为一个套路，熟得大家都没有

① 邓正来：《"学在民间"与中国社会科学的发展——对〈中国社会科学季刊〉与〈中国书评〉的分析》，《学术界》2006 年第 5 期。

了学术的个性。"①破解之法也许有千万条，就目前而言，最切实际、最为迫切的，很可能是以民间力量推动高校和科研机构的学术文化活动良性发展。一言以蔽之，要恢复和助长"学在民间"这个传统。今天的中国尚不具备私学的强大传统，但我们至少可以让"学在民间"作为一种精神和理念普遍存在。一方面，营造有利于民间学者成长和发展的学术体制，通过"学在民间"的继承发展，通过"学院派"与"民间派"之间的交融碰撞和竞争，扭转当前中国学术思想衰微的状况，改善民间学者的处境。比如，为民间学者设立专门的科研项目申报通道、学术期刊专栏等。另一方面，把"学在民间"作为一种价值追求。供职于高等学校、研究院所等体制内的学者，也可以心存"学在民间"的精神，在相当程度上保持独立自主探索学术的精神空间。

当代民间学者大多供职于出版机构或报刊社，例如：以鲁迅研究负有盛名的朱正，供职于湖南人民出版社；以搜集整理知识分子史料闻名学界的陈徒手，供职于《北京青年报》；谢泳在受聘为厦门大学教授以前，长期任职于《黄河》杂志社。这是"民间派"的特征。同理，普遍供职于高校和科研机构等事业单位，这是"学院派"的特征。两派不必为了交融而泯灭

---

① 葛晓音：《我和〈文学遗产〉》，《文学遗产》编辑部主编《〈文学遗产〉六十年纪念文汇》，社会科学文献出版社2014年版，第164页。

各自特征。我们期待的是，"学在民间"和"学在学府"成为中国学术发展的两大主脉，并行不悖。

行笔至此，突然想到，假如"学在民间"早些年得以恢复发展，或许程巢父整理的《胡适未刊行事历》能在他生前出版，或许他的经济状况不再窘迫，可以多活几年、多整理一些胡适研究资料。然而，斯人已去，此念茫茫。

（原载《粤海风》2021 年第 3 期）

后　记

　　之前从未想过自己会出版一本胡适的书，但是我对胡适的关注由来已久。我的博士论文《新月派考论》（中国社会科学出版社2015年版）最后一节《〈胡适全集〉佚文、佚诗、佚信》搜集学界披露的一百余则胡适散佚作品并予编目。此后，对胡适辑佚的兴趣倍增，甚至陆续发表几篇辑佚文章，例如：《胡适致沈宗瀚佚信两封释读》（载《社会科学论坛》2021年第2期）、《胡适的一篇佚文及其文本再生策略》（载《中文学刊》2021年第1期）、《胡适致胡近仁、刘大白佚信及相关史实梳考》（载《社会科学论坛》2022年第5期）等。但是本书的出版，初衷还是为了实现程巢父先生遗愿，以便不负所托（详见本书附录《"学在民间"：〈胡适晚年未刊行事历日记〉校订、注释感言》）。

　　本书得以编成并出版，首先要感谢程巢父当年所托，没有他对我的信任和托付，则我很可能不会编一本这样的书。其次，要感谢林建刚、席云舒两位胡适研究的青年才俊，他们不但提供若干胡适未刊日记线索，事后还为书稿指出几处注释错误。时任台北胡适纪念馆主任的潘光哲先生，也热情提供帮助并提出修改意见。而本书校对，多依赖于台北胡适纪念馆所藏胡适档案。著名胡适研究专家、北京大学历史系欧阳哲生教授审读了全书，鉴定意见为："付祥喜编著的《胡适未刊日记辑注》从整理胡适文献的角度看，是一件有意义且有价值的事，因此本人认为值得出版。"他还提出了一些宝贵的修改意见。广东人民出版社的古海阳先生精心编辑，向继东先生为本书出版"牵桥搭线"，也都是我要致谢的。

总之，本书虽以我为编者，其实集合了众人心血，是一本集体之作。出版一本这样的图书，尽管在出版业市场化背景下，于己无利可图，于学界却有所裨益。故而，我将后续推出近年来整理的胡适散佚作品集，为学界新编《胡适全集》做点前期工作。

付祥喜

2023 年 2 月 16 日于广州大学榕轩教师公寓